LE
BRIGAND
DE LA
CORNOUAILLE

CHRONIQUE BRETONNE SOUS LA LIGUE

PAR

Louis MOREAU

Auteur du *Routier et la Juive*.

TOME II.

PARIS
ARNAULD DE VRESSE,
LIBRAIRE-ÉDITEUR,
Rue de Rivoli, n° 55.

BREST
J. B. et A. LEFOURNIER,
LIBRAIRES-ÉDIT.,
Grand'Rue, n° 86.

1860.

LE BRIGAND

DE

LA CORNOUAILLE.

BREST, IMP. DE J. B. LEFOURNIER AÎNÉ.

LE
BRIGAND
DE LA
CORNOUAILLE
Chronique Bretonne sous la Ligue,

PAR

Louis MOREAU

Auteur du ROUTIER ET LA JUIVE.

Tome II.

PARIS
ARNAULD DE VRESSE,
LIBRAIRE-ÉDITEUR,
Rue de Rivoli, n° 55.

BREST
J. B. et A. LEFOURNIER,
LIBRAIRES-ÉDIT.,
Grand'Rue, n° 86.

1860.

LE BRIGAND

DE

LA CORNOUAILLE.

DEUXIÈME PARTIE.

CHAPITRE Ier.

LE MANOIR DE MÉZARNOU.

Un mois après ces événements, La Fontenelle était de retour de son voyage de Nantes, où il était allé visiter le duc de Mercœur.

Ce prince, qui voyait chaque jour la ligue s'éteindre en Bretagne, n'avait pu faire autrement que de recevoir avec une grande distinction le chef le plus puissant qui restât encore au parti catholique. Il s'empressa donc de faire un magnifique accueil à La Fontenelle. Celui-ci se rendit à Nantes sur une petite flotte parfaitement bien équipée. Il y fit son entrée avec beaucoup de pompe et s'y montra revêtu de ses plus riches habits. En cette occasion il osa couvrir ses épaules d'un superbe manteau fourré d'hermine et garni de pierreries, comme s'il eût été roi de France ou prince du sang.

A peine revenu à l'île Tristan, Guy-Eder, l'homme le plus pillard et le plus aventureux qui fût au monde, s'ennuya de l'inaction dans laquelle il vivait, et sur le champ il songea à effectuer un autre voyage. Il avait projeté d'aller rendre visite à l'un de ses parents, le sieur de Parcevaux, seigneur de Mézarnou, qui habitait un des plus beaux manoirs de l'évêché de Léon. Voyant donc le pays tranquille et bien certain que personne n'oserait de longtemps venir l'assiéger, il remit le commandement de son île à De Romar, puis, à la pointe du jour, par une belle matinée de décembre, il s'éloigna des plages de Douarnenez avec une escorte de soixante de ses plus déterminés soudards. Après s'être arrêté une nuit au Faou, il arriva le lendemain à Plounéventer, petit village situé à deux grandes lieues de Landerneau. Craignant d'effrayer son parent par sa suite nombreuse, il ne prit avec lui que six hommes et se dirigea vers Mézarnou.

Il était près de midi quand il se trouva devant ce manoir, éloigné seulement de quelques portées de mousquet de Plounéventer. Ce n'était pas la première fois que La Fontenelle venait en ce lieu. Quelques années auparavant, à l'époque où il surprit de nuit et pilla Landerneau, il avait rendu visite au sieur de Mézarnou qui était l'un de ses cousins. Ce gentilhomme n'avait guère été charmé de l'arrivée du capitaine ligueur, mais craignant pour sa grande fortune et pour sa famille il l'avait alors parfaitement accueilli et l'avait engagé à venir le visiter quand il repasserait dans ces environs.

Guy-Eder en se retirant lui avait promis de ne pas oublier son invitation et de revenir prochainement passer quelques jours à Mézarnou; mais depuis ces événements, logé dans son fort et occupé à piller la Cornouaille, il n'avait pas eu le loisir de songer à cette promesse. Comme on le pense bien, ce n'était pas dans l'intention de rendre une visite de bonne amitié qu'il allait chez monsieur de Parcevaux; en s'y rendant il n'avait qu'un but criminel et purement intéressé. Il se rappelait l'opulence qui régnait à Mézarnou et la grande richesse de son propriétaire; il avait donc conçu le dessein de le dépouiller en s'appropriant tout ce qu'il trouverait de précieux sans écouter aucune considération de famille.

C'était une des plus belles habitations non fortifiées du pays de Léon que le manoir de Mézarnou.

La Fontenelle et ses soldats après avoir traversé la grande avenue qui conduisait à la principale porte du parc mirent pied à terre.

En ce moment le temps était beau et le soleil brillait sur la campagne. Seulement l'air était froid, et le vent en soufflant avec force faisait tourbillonner les feuilles mortes et jaunies dont le sol était jonché. Quelques feuilles rares se remarquaient encore sur les rameaux des hêtres et des vieux chênes dont était plantée l'avenue du manoir.

L'entrée de Mézarnou était alors défendue par deux petits pavillons où logeaient les gardes du château (1). A peine La Fontenelle eut-il fait connaître à ceux-ci son nom que quelques minutes après la porte lui était ouverte. Le capitaine traversa rapidement le parc qui était superbe et parfaitement bien entretenu et se trouva bientôt dans la cour du manoir, où monsieur de Mézarnou vint le recevoir avec beaucoup d'empressement.

Au centre de cette cour, qui était petite et murée, on remarquait un jet d'eau surgissant d'un grand bassin de pierre fait d'une seule pièce. Devant s'élevait la mai-

(1) Mézarnou existe encore aujourd'hui. Ce manoir, très-bien conservé, ressemble à la plupart des maisons nobles bâties dans le quatorzième et le quinzième siècles. Les murs du parc, dont on voit les ruines, cernaient une étendue d'environ vingt-cinq hectares;

son principale qui se composait d'un vaste corps-de-logis divisé en deux par une tourelle. L'ornementation de sa porte d'entrée, de ses fenêtres irrégulières en accolade, et de sa façade, était à peu près la même que celle de presque toutes les gentilhommières construites à cette époque.

Le sieur de Mézarnou, après avoir fait entrer La Fontenelle dans la grande salle d'honneur située au rez-de-chaussée, fit conduire les gens de sa suite dans les cuisines et donna ordre de leur servir des rafraîchissements.

La pièce où venait de pénétrer Guy-Eder était éclairée par de grandes croisées de pierres, garnies extérieurement de forts barreaux de fer entrecroisés comme les grilles d'une prison. Le feu pétillait dans l'immense cheminée de la salle du manoir. Une longue table de chêne qui, suivant l'usage du temps, occupait le milieu de l'appartement, était déjà recouverte d'une nappe de toile d'une grande finesse, sur laquelle resplendissaient de superbes pièces d'argenterie et une riche vaisselle attestant la grande fortune des propriétaires du lieu.

La salle était splendidement décorée ; enfin, rien ne manquait à l'ameublement, un des plus beaux qu'on pût trouver aux environs.

Monsieur de Mézarnou qui, comme nous l'avons dit, se nommait Vincent de Parcevaux, pouvait avoir une cinquantaine d'années. C'était un homme à la figure franche et ouverte, aux manières polies et engageantes. Il était fort doux de caractère, mais brave et résolu à l'occasion. Doué d'un grand sang-froid dans le danger, il devenait énergique lorsqu'il le fallait ; en un mot, il était incapable de céder devant aucune espèce d'intimidation. Il portait une robe de maison de couleur sombre, sorte de houppelande alors de mode chez les gentilshommes campagnards. Depuis peu d'années, il avait épousé madame Renée de Coëtlogon, veuve du sieur Pierre Le Chevoir, natif de la commune de Prat (1).

---

(1) La famille Le Chevoir n'a jamais été originaire de Champagne, comme l'ont dit quelques auteurs. Elle habitait la paroisse de Prat, au quinzième et seizième siècles, ainsi que le constatent les réformations de la noblesse. Prat n'est qu'à quelques lieues de Lannion et de Tréguier.

Cette dame qui, pour le moment, était absente de chez elle, avait eu de son premier mariage une charmante petite fille, la plus jolie enfant qui existât peut-être au monde.

On l'appelait l'Héritière, parce qu'elle était un des plus riches partis de la noblesse bretonne. Partout on ne parlait que de la gentille Marie qui, par sa douceur et sa bonté, s'était fait chérir de tous ceux qui avaient eu occasion de la voir. Si cette enfant était ainsi aimée, c'est qu'elle se montrait aussi polie et aussi affable avec les pauvres et les malheureux qu'avec les nobles qui journellement venaient au manoir.

CHAPITRE II.

LE MANOIR DE MÉZARNOU (Suite).

— Allons, mon cher cousin, dit Mézarnou à La Fontenelle en lui présentant un fauteuil, asseyez-vous donc près de ce bon feu en attendant que nous nous mettions à table. Quand La Fontenelle fut assis, le maître du château, après lui avoir serré la main avec effusion, reprit :

— Merci mille fois de votre bonne visite, mon ami, car je vois avec bien du plaisir que vous avez tenu la promesse que vous m'aviez faite la dernière fois que vous passâtes ici ; c'est bien à vous de ne point nous avoir oubliés.

— Jamais je n'oublie ceux que j'affectionne, répliqua La Fontenelle avec une politesse étudiée, et c'est un bonheur pour moi de les avoir toujours présents à mon souvenir quand ce sont de bons parents comme vous.

— Malheureusement une chose me chagrine, s'écria Mézarnou, c'est l'absence de ma femme. Soyez certain qu'elle sera vivement contrariée de ne pas s'être trouvée au château pour vous recevoir.

Ces paroles excitèrent un moment la défiance du partisan. Il se demanda si son hôte ne mentait pas dans le but de soustraire madame de Mézarnou à sa vue ; mais un seul regard dirigé sur le châtelain le convainquit à l'instant que celui-ci disait vrai.

Après ce court examen de la physionomie de Mézarnou, La Fontenelle répondit :

— Comme vous, je déplore aussi l'absence de madame de Mézarnou, car je me rappelle le grâcieux accueil qu'elle me fit, il y a trois ans, quand je vins vous visiter.

— Je le répète, mon cousin, si ma femme avait pu se douter de votre arrivée, elle n'eût point entrepris le petit voyage qu'elle projetait depuis longtemps et l'eût remis à plus tard.

— Mais où est donc ma chère cousine ?

— Dans les environs de Morlaix, au manoir de Mesgouez, où elle est allée voir une de ses parentes malade qui réclamait ses soins.

— J'ose espérer que votre veuvage sera de courte durée?

— Dans trois jours je dois aller chercher à Mesgouez madame de Mézarnou.

— Eh bien alors, cher cousin, j'en suis fâché, je n'aurai pas l'honneur de lui présenter mes hommages, car j'ai l'intention de partir après-demain. Mes moments sont comptés, et si je n'avais pas songé à la bonne amitié qui nous lie et à ma promesse, je serais resté au Faou où m'appelaient des affaires importantes.

— Comment, à peine arrivé, vous voulez déjà nous quitter? C'est mal à vous, Guy-Eder, de ne pas nous donner quelques jours de plus.

— Il faut absolument que je retourne à l'île Tristan.

— Craindriez-vous donc encore le retour de messieurs Sourdéac et de Molac ?

— Non assurément, répondit La Fontenelle en riant, mais je ne puis laisser ainsi mes soldats livrés à eux-mêmes ; je crains les désertions et j'ai peur que la désunion ne se mette dans leurs rangs.

— Mais n'êtes-vous pas sûr de vos lieutenants et doutez-vous de leur fidélité ?

— Mes officiers sont braves et pleins de loyauté ; mais cependant pendant mon absence j'appréhende qu'il n'arrive à Douarnenez quelque événement fâcheux ou imprévu. Croyez-vous qu'on puisse oublier facilement l'incendie d'un aussi bon château que le Granec brûlé par le duc de Mercœur, et pensez-vous qu'il ne me reste pas d'autres ennemis ?

— Maintenant je conçois parfaitement bien vos craintes et n'insiste pas davantage, malgré le vif désir que j'avais de vous posséder quelque temps chez moi.

— Et puis, si le sournois Sourdéac, encore tout furieux de son échec, venait à apprendre mon arrivée à Landerneau, aussitôt toute sa garnison de Brest serait à mes trousses. Mais rassurez-vous, pour vous dédommager, je reviendrai prochainement à Mézarnou, et cette fois je prolongerai mon séjour chez vous autant de temps que vous le désirerez.

En prononçant ces mots, La Fontenelle jeta un coup-d'œil avide sur les magnifiques pièces d'argenterie qui recouvraient la table.

— C'est bien, Guy-Eder, dit Mézarnou; je compte donc positivement sur vous, et si vous ne reveniez pas je vous croirais fâché, ce qui je l'espère n'arrivera jamais entre nous.

— Et votre gentille petite Marie, serait-elle aussi avec sa mère ?

— Non, grâce à Dieu ! elle n'a pas voulu me laisser seul... elle est restée me tenir compagnie. Oh ! elle a bien grandi depuis votre départ et actuellement c'est presque une demoiselle.

— Si je ne me trompe elle doit avoir près de douze ans ?

— Oui, Marie a en effet cet âge; mais elle est forte et paraît avoir bien davantage.

En ce moment des serviteurs entrèrent, portant le dîner sur de vastes plats d'argent chargés de viandes et de mets de toute espèce.

— Permettez-moi, mon cher Guy-Eder, d'aller chercher Marie pour vous la présenter ?

La Fontenelle, après s'être incliné en signe d'assentiment, se leva de son fauteuil et se mit à marcher de long en large en réfléchissant aux paroles de son cousin.

— Bien, se dit-il, tout arrive à souhait… aujourd'hui c'est la femme qui est absente et dans trois jours ce sera le mari. Je veux mettre ces heureuses circonstances à profit et ne pas partir du manoir les mains vides. Toute cette riche vaisselle dont Mézarnou fait étalage prendra bientôt le chemin de l'île Tristan et ira grossir les trésors enlevés à Penmarc'h.

Pendant qu'il faisait ces réflexions le maître du château était monté à l'appartement de Marie. Un fort bel escalier à vis, en pierres de taille, conduisait à cette chambre, qui était située au premier étage de la tourelle (1). Quoique Mézarnou affectât une grande aisance et une parfaite gaîté en présence de La Fontenelle, cependant il n'était pas sans inquiétudes. Autrefois, il est vrai, il avait reçu chez lui sans avoir à s'en plaindre son dangereux parent, mais il connaissait sa perfidie et sa férocité et il tremblait au souvenir des massacres de Plogastel et du Granec.

Comme l'avait dit Mézarnou, sa femme était réellement absente et il était dans l'intention d'aller la chercher à Mesgouez. On doit donc penser quelle joie il ressentit quand La Fontenelle lui fit savoir que dans deux jours il se mettrait en route pour Douarnenez. Bien certainement s'il avait su de quelle escorte celui-ci était accompagné il en eût été effrayé et l'eût soupçonné de sinistres projets; mais Guy-Eder par prudence avait fait camper ses soldats dans une grande lande tout près de Plounéventer et leur avait défendu de se répandre dans la campagne de peur d'épouvanter les paysans

(1) On peut encore voir aujourd'hui à Mézarnou cet escalier qui se termine par une élégante colonnette en pierres sculptées.

et les hôtes du château. Il leur avait aussi donné l'ordre de l'attendre dans cet endroit et les avait assurés qu'il ne tarderait pas à venir les rejoindre.

— Allons, Marie, dit Mézarnou à sa belle-fille, descends dîner mon enfant, et surtout je te le recommande sois aimable avec notre cousin La Fontenelle qui vient d'arriver pour nous voir.

— Quoi! répondit Marie tout émue de cette nouvelle, serait-ce le capitaine Guy-Eder, le beau cavalier qui il y a trois ans jouait ici avec moi et me chantait de belles ballades bretonnes?

— Lui-même, Marie, mais prends garde de le mécontenter, car tu le sais, bien souvent nous te l'avons dit ta mère et moi, c'est un méchant homme auquel il serait dangereux de faire un mauvais accueil. Ainsi donc sois affable avec lui comme par le passé. Bienheureusement il doit partir après demain et nous débarrasser de sa présence.

Marie Le Chevoir, quoique bien jeune, n'était pas sans avoir entendu parler des cruautés de La Fontenelle, mais comme les enfants de son âge elle avait peine à croire que ce gentilhomme si beau, qui lui avait paru si doux, fût un monstre comme tout le monde ne cessait de le répéter autour d'elle. Cependant, tout en descendant l'escalier avec son père, elle sentait croître son émotion et éprouvait une sorte d'effroi en songeant qu'elle allait se trouver en présence de ce capitaine dont elle avait entendu raconter de si étranges histoires.

CHAPITRE III.

LE DÉPART SIMULÉ.

C'était une charmante et grâcieuse enfant que la jeune héritière de Mézarnou. En la voyant on eût cru voir un ange descendu des célestes demeures sur notre pauvre terre, tant l'expression de son regard était divine et séraphique. Non, il n'existait pas à la ronde une plus belle enfant que Marie ! Impossible de trouver dans une physionomie des lignes plus expressives et en même temps plus délicates. Sa peau d'une finesse extrême était d'une blancheur incomparable. Ses joues fraîches et vermeilles brillaient de ce vif incarnat de la jeunesse que l'art ne parviendra jamais à rendre qu'imparfaitement. Une fraise ouverte sur le devant laissait apercevoir la beauté de son cou d'albâtre, autour duquel était suspendue une petite croix d'or qui retombait sur une robe de velours noir d'une coupe pleine d'élégance. Quant à son caractère il était excellent. Du matin au soir on entendait toujours Marie rire ou chanter. C'est que l'aimable enfant était dans l'âge de la gaîté et de l'innocence et que pas un nuage n'était encore venu obscurcir la sérénité de ses jours.

Lorsqu'elle entra avec son beau-père dans la salle, La Fontenelle se promenait toujours plein d'agitation, et l'on entendait le bruit de ses éperons résonner sur les dalles de l'appartement.

— Bonjour, ma petite cousine Marie, s'écria-t-il aussitôt en courant l'embrasser. Ah! comme vous êtes grande et embellie depuis trois ans que je ne vous ai vue! Mais me reconnaissez-vous au moins, et n'avez-vous pas oublié mon nom?

L'héritière resta quelque temps les yeux baissés sans oser répondre. Elle était toute rouge et déconcertée; mais bientôt ses beaux yeux brillèrent d'un éclat vraiment céleste, et l'expression de ses traits devint si séduisante que La Fontenelle demeura immobile et comme frappé d'admiration à la vue de la plus charmante créature qu'il eût jamais encore rencontrée.

A peine l'eut-il considérée qu'une pensée diabolique germa dans son cerveau et qu'il forma le projet de l'enlever à ses parents. Il pensa à en faire sa femme, car outre sa grande beauté elle possédait une fortune de dix mille livres de rentes (1).

— Eh bien! ma gentille Marie, reprit-il avec une douceur hypocrite, vous ne me répondez pas? auriez-vous donc peur de votre cousin, et ne vous souvenez-vous plus des ballades et des chansons bretonnes qu'il vous chantait autrefois?

— Oh! non, je ne vous ai pas oublié, mon cousin, répondit Marie en levant la tête et en regardant timidement La Fontenelle.

— Merci, Marie, de votre bon souvenir ; mais sachez bien aussi que de mon côté

---

(1) Au seizième siècle c'était une belle fortune qu'un semblable revenu.

je me suis souvenu de vous, voilà pourquoi ayant eu affaire dans la ville du Faou j'ai profité de cette occasion pour venir jusqu'ici embrasser ma jolie petite cousine.

— Et vous avez bien fait, cousin Guy-Eder, repartit ingénument Marie, seulement vous eussiez dû arriver quelques jours plus tôt; vous eussiez trouvé alors au château ma bonne mère qui eût été aussi contente que moi de vous revoir.

— Soyez sans crainte à ce sujet, Marie ; comme je le disais tout-à-l'heure à votre père, je reviendrai bientôt, et cette fois je ferai un long séjour à Mézarnou.

— Allons à table, s'écria le maître du manoir quand les valets se furent retirés.

La Fontenelle s'assit à la place d'honneur près de Marie ; à sa droite était monsieur de Mézarnou, et au bas de la table se tenait la gouvernante de l'héritière qui paraissait fort effrayée de la présence du capitaine.

— Maintenant, dit Mézarnou, que nous avons suffisamment parlé de nous, permettez-moi, cher cousin, de vous demander des nouvelles de monsieur de Beaumanoir et de sa charmante filleule, mademoiselle de Loquevel ?

— Mais tous les deux se portent à merveille, répondit La Fontenelle avec distraction.

Pendant que cette question lui était faite, il était occupé à servir la jeune héritière dont il admirait de plus en plus les grâces virginales.

Les mets les plus succulents et les plus exquis se succédaient sur la table et ils étaient si abondants, qu'on eût pu croire que ce jour-là il y avait nombreuse compagnie chez Mézarnou. Celui-ci qui était bien le plus honnête gentilhomme des environs avait pourtant un travers, c'était d'être extrêmement vaniteux. Il aimait l'ostentation, et dans son orgueil, malgré la crainte que lui inspirait son parent, il tenait beaucoup à étaler devant lui sa vaisselle plate et sa riche argenterie.

A la vue de toutes ces richesses, l'œil de La Fontenelle brillait d'un singulier éclat; tantôt ses regards se portaient sur les plats et les assiettes d'argent dont la table était couverte; tantôt il regardait avec avidité cette charmante enfant qui allait bientôt devenir sa proie. Tout-à-coup une pensée aussi atroce qu'infernale traversa son esprit ; ses oreilles lui tintèrent et tout son sang bouillonna dans ses veines. Il lui prit envie de s'élancer sur Mézarnou, de le poignarder, d'appeler ses gens pour commencer le pillage et d'enlever immédiatement l'héritière ; mais il sut se contenir, il réfléchit que l'instant n'était pas favorable pour opérer ce coup, et que d'ailleurs il avait avec lui trop peu de soldats pour lutter contre les serviteurs et les hommes d'armes qui pouvaient se trouver au château.

Plus le dîner avançait et plus Mézarnou, échauffé par le vin, continuait à faire étalage de ses richesses. Il faut le dire, il cherchait par toutes sortes de moyens à être agréable à La Fontenelle, auquel il ne cessait d'adresser mille remercîments sur sa venue dans ses domaines.

Enfin l'on sortit de table et le châtelain mena son cousin visiter toutes les dépendances de sa belle propriété. Il lui montra tout, et, en vrai propriétaire, ne lui fit grâce de rien.

Pendant ce temps Marie était montée à son appartement avec sa gouvernante.

Le soir venu, La Fontenelle en se retirant dans sa chambre remarqua avec joie que celle de l'héritière était toute voisine de la sienne et qu'il serait très-facile de pratiquer son enlèvement.

Le lendemain, la journée se passa comme celle de la veille. Mézarnou redoubla de prévenances envers son hôte, lui fit les honneurs de sa maison avec la meilleure grâce et chercha à lui procurer toutes sortes de plaisirs et de distractions.

Le jour suivant, dès l'aube, La Fontenelle s'étant levé entra dans la chambre de Mézarnou et après l'avoir embrassé avec effusion, il lui fit ses adieux. Il partit sans vouloir qu'on réveillât Marie à laquelle il laissa comme souvenir une magnifique bague en diamant. Pendant que Mézarnou, enchanté d'être débarrassé de son dangereux visiteur, se rendormait mollement en rêvant à sa femme qu'il devait aller chercher à Mesgouez, le perfide Guy-Eder arrivait à Plounéventer et rejoignait ses soldats avec lesquels il demeura jusqu'au moment où il acquit la certitude que le châtelain était parti de son manoir. Il choisit donc la nuit pour son expédition, et il était minuit quand, à la tête de ses gens, il arriva devant les murs du parc.

En cet instant la pluie tombait avec force et la lune était entièrement voilée sous de sombres nuages, de sorte qu'une profonde obscurité régnait sur toute la campagne d'alentour. On n'entendait dans la nature que le bruissement du branchage des vieux hêtres agités par la violence du vent. Si la scène eût été plus éclairée et si elle avait eu un observateur, celui-ci aurait pu voir La Fontenelle regardant le manoir de Mézarnou avec un infernal sourire.

— Allons, mes enfants, s'écria-t-il en s'adressant à ses soldats : Il s'agit d'escalader ces murs, de pénétrer dans ce château et d'enlever toutes les richesses qui s'y trouvent; mais, sachez-le bien, qu'ici il n'y ait pas de sang répandu et qu'il ne soit fait aucun mal aux serviteurs...

A peine eut-il donné cet ordre, que les murs furent franchis sur-le-champ et que les soixante soudards, une fois dans l'intérieur du parc, s'acheminèrent vers les pavillons habités par les gardes. Ceux-ci pleins de sécurité, ayant été supris endormis, furent bâillonnés et étroitement liés dans leurs lits.

La Fontenelle, après s'être emparé des clés du château, escalada les murailles de la petite cour d'enceinte et pénétra dans la salle basse où il commença à s'approprier tout ce qui lui tomba sous la main. Il avait eu soin de remarquer où la riche vaisselle était renfermée ; aussi donna-t-il à ce sujet des indications bien précises à ses soldats. Pendant que ceux-ci se répandaient dans les autres appartements du rez-de-chaussée, il se dirigea vers la chambre de Marie qui n'avait pas encore été éveillée par ce tumulte.

Elle dormait la pauvre enfant comme on dort à douze ans ! A cet âge le cœur est si pur et si tranquille, que les songes de l'innocence sont presque toujours dorés et merveilleux. Mais Marguerite sa gouvernante, jeune fille d'environ vingt ans, qui couchait près d'elle, s'était réveillée en sursaut et de sa fenêtre elle avait pu apercevoir plusieurs hommes sautant dans la cour du manoir. A cette vue un tressaillement convulsif avait agité tout son corps, et, saisie d'un effroi mortel, elle s'était sentie sur le point de s'évanouir, mais peu à peu, maîtrisant son émotion, elle n'avait plus songé qu'à la sûreté de sa maîtresse. Aussitôt elle avait fermé la porte à double tour et s'était empressée de tirer à elle les verroux. Déjà, dans son épouvante, elle avait poussé plusieurs cris auxquels personne n'avait répondu. Elle en était là de sa terreur quand soudain elle entendit les pas d'un homme retentir sur les degrés de pierre de l'escalier de la tourelle.

A ce moment l'œil de La Fontenelle placé devant la serrure considérait avec la plus grande attention ce qui se passait dans la chambre de Marie. Il n'aperçut d'abord que la lampe qui brillait à côté d'un prie-dieu, puis sur ce meuble il vit la gouvernante à genoux qui invoquait le Seigneur. La figure du capitaine prit alors une expression de surprise et de courroux sinistre. C'est qu'il venait de découvrir que l'héritière n'était pas seule comme il l'avait pensé !

Jamais il n'avait soupçonné que Marguerite couchât près de Marie et il était loin de s'attendre à cet obstacle. Qu'allait-il faire maintenant ?

La porte était fermée, il ne lui restait que deux choses à essayer : c'était de forcer par la peur la gouvernante à lui ouvrir ou, si elle refusait, de faire briser cette porte par ses soldats. Il prit sur-le-champ son parti.

— Ouvrez à l'instant ! s'écria-t-il d'une voix stridente et avec ce ton d'autorité qu'il savait si bien prendre à l'occasion.

— Qui est là ? répondit la voix tremblante de Marguerite. Mademoiselle Marie dort et personne ne peut entrer chez elle.

— Ouvrez-moi, vous dis-je ! et si vous n'obéissez pas, Marie est perdue, car le manoir est au pouvoir des brigands.

— Eh bien ! non, je n'ouvrirai pas, répliqua Marguerite, qui venait de reconnaître la voix de La Fontenelle.

— Malheureuse ! s'écria celui-ci avec colère, prenez garde à ce que vous allez faire ! Je le jure sur l'honneur, je ne viens ici que pour sauver ma cousine. Ouvrez, ou craignez ma vengeance !...

CHAPITRE IV.

L'ENLÈVEMENT.

En cet instant l'héritière, réveillée enfin par le bruit de cette conversation et par celui que faisaient les pillards, se leva sur son séant. Un tressaillement nerveux agitait tout son corps et sa charmante physionomie portait l'empreinte d'un grand effroi.

— O mon Dieu! ma bonne, qu'y a-t-il donc? demanda-t-elle, et d'où viennent ces cris? Le feu serait-il au château? Oh! parle, je t'en prie, et sauvons-nous au plus vite!..... Oh ciel! pourquoi mon père et ma mère sont-ils absents?

La gouvernante ne répondit pas; elle était folle d'épouvante et de désespoir. La pauvre Marguerite ne savait que faire dans cette terrible situation où elle n'avait de secours à attendre de personne ! Enfin elle se décida pourtant à apprendre à Marie que le manoir était attaqué et que La Fontenelle était à la porte de la chambre, prétendant être accouru pour la sauver.

— M'ouvrirez-vous donc ? s'écria le partisan d'une voix furieuse. Voici mon dernier mot : si vous persistez dans votre refus, je vais faire briser cette porte à coups de haches et je me vengerai ensuite sur vous du temps précieux que vous m'avez fait perdre !

Soudain d'horribles clameurs se firent entendre au bas de l'escalier de la tourelle. La jeune héritière tout effrayée qu'elle était, et bien qu'elle ne pût s'expliquer le retour subit de La Fontenelle à Mézarnou, commanda à Marguerite d'ouvrir sur-le-champ, de crainte qu'il n'arrivât de plus grands malheurs. Quoiqu'elle redoutât un peu Guy-Eder dont elle avait entendu dire tant de mal, cependant, dans un âge si tendre que le sien, elle ne pouvait croire qu'elle eût quelque chose à craindre de son cousin qui paraissait tant l'aimer et qui n'avait jamais eu pour elle et pour sa famille que de bons procédés.

— Ouvre vite, je t'en prie ! Marguerite, dit-elle encore en faisant plusieurs signes de croix. Prenons confiance dans le bon Dieu et dans la bonne Vierge ! J'aime mieux me mettre entre les mains de mon parent que de tomber au pouvoir de ces hommes dont je viens d'entendre les cris épouvantables.

La gouvernante obéit cette fois. La porte fut ouverte, et La Fontenelle, l'œil ardent et irrité, se précipita dans la chambre.

— Sortez d'ici à l'instant, dit-il à la gouvernante, et laissez-moi seul avec Marie.

Ces paroles, articulées comme elles le furent, eurent dans la bouche du capitaine quelque chose de si terrible et de si effrayant que la jeune fille, épouvantée, demeura comme pétrifiée sur le seuil de la porte.

— M'avez-vous entendu, malheureuse ? répéta-t-il d'une voix tonnante et avec un accent de fureur indicible.

Le regard dont il accompagna ce dernier avertissement fut si affreux, que Marguerite, saisie d'effroi, abandonna sa jeune maîtresse et descendit l'escalier de la tourelle, comme quelqu'un pris subitement de vertige et frappé d'aliénation mentale. C'est que soudain sa raison avait été fortement ébranlée et qu'au lieu de La Fontenelle, elle avait cru voir devant elle l'ange des ténèbres lui-même la menaçant.

— O ciel! mon cousin, s'écria alors Marie, qu'avez-vous et que se passe-t-il ici? Par pitié, dites-moi quels sont ces bruits qui me glacent d'épouvante? Seraient-ce des voleurs?

— Oui, Marie, et je viens vers vous pour vous sauver; mais pour cela il faut me suivre et quitter à l'instant ce manoir qui est déjà au pouvoir des brigands.

— Vous suivre! dit la pauvre enfant tout en larmes.

— Il le faut, Marie, car votre vie est en danger. Levez-vous donc et hâtons-nous de nous sauver. Pendant ce temps, je vais m'assurer dans quelle partie du château sont maintenant les voleurs, afin que nous puissions les éviter en nous échappant à la faveur des ténèbres.

— N'est-ce pas que vous ne me voulez

pas de mal, mon cousin? s'écria-t-elle, et que vous n'êtes pas méchant comme on le dit ?

La Fontenelle ne répondit pas. Il s'était éloigné pour aller rejoindre ses soldats. Dans un instant il fut près d'eux. Il leur enjoignit de serrer avec soin la vaisselle plate et tous les autres objets précieux dont ils s'étaient emparés. Après s'être assuré par lui-même que toutes les chambres étaient vides et qu'il ne restait plus dans le manoir que des meubles trop pesants et difficiles à emporter, il commanda à sa troupe de garder le plus grand silence pendant quelque temps et de se rendre dans le jardin, afin de se tenir prête à partir au premier signal qu'il lui donnerait.

— Quant à moi, dit-il à ses gens, je prendrai les devants et je sortirai le premier de Mézarnou.

Après ces instructions, il remonta à la tourelle où il trouva l'héritière entièrement habillée.

— Eh bien ! mon cousin, lui demanda-t-elle toute pâle d'émotion et de frayeur, quand elle l'aperçut, où sont les voleurs ?

4.

— Ils sont occupés à piller la chapelle ; allons, venez Marie, c'est le moment de fuir, et surtout ne craignez rien.

En prononçant ces mots, il la prit dans ses bras, descendit l'escalier et arriva dans la cour où un jeune page l'attendait avec un cheval tout harnaché. Quand il fut en selle et que Marie fut assise devant lui, il piqua des deux et fut bientôt hors du château.

En ce moment la pluie avait cessé ; de gros nuages noirs couraient rapidement dans le ciel et la nuit paraissait assez claire, grâce au lever de la lune. Les murs et les autres édifices de Mézarnou se distinguaient parfaitement au milieu de cette pâle clarté, et les peupliers dont était plantée la cour projetaient sur les bâtiments leurs grandes ombres pyramidales. Mézarnou était tellement silencieux, qu'on eût pu croire tous ses habitants endormis paisiblement et que rien enfin ne décelait la présence des soldats de La Fontenelle dans le jardin. On entendait seulement le bruit monotone du jet d'eau retombant dans son grand bassin de pierre et de temps en temps les cris sinistres des chouettes et des orfraies nichées dans la tourelle.

— Dans quelques jours, Marie, quand il n'y aura plus de danger, je vous conduirai à votre père, dit La Fontenelle.

— Oh! merci, mon cousin, répondit la pauvre enfant qui commençait à se rassurer en voyant qu'elle venait d'échapper aux voleurs qui l'avaient tant effrayée. Mais, je vous en prie, allons plus vite, car si on nous poursuivait nous serions perdus.... O mon Dieu! mon pauvre père! ma pauvre mère!

— Bénissez le ciel qu'ils soient absents, dit hypocritement La Fontenelle, car peut-être bien à l'heure qu'il est, ils eussent trouvé la mort dans cette nuit terrible!

— Et Marguerite, où est-elle? dit Marie après un instant de réflexion. Ne serait-elle pas tombée entre les mains des brigands quand elle est sortie et que vous l'avez chassée si durement de ma chambre?

— Rassurez-vous; Marguerite se sera sans doute réfugiée dans les maisons des villageois qui avoisinent le manoir et vous la reverrez bientôt.

— Mais comment, mon cousin, êtes-vous revenu tout-à-coup, vous qui étiez parti pour l'île Tristan? demanda encore la douce enfant.

— Arrivé à Landerneau, Marie, le hasard me fit connaître que des paysans et non des voleurs, comme je vous l'ai dit, avaient projeté de surprendre de nuit votre manoir; aussitôt, ne songeant qu'au danger que seule et sans défense vous alliez courir ici avec de pareils rustres sans foi ni loi, je suis revenu à Plounéventer. Une fois là, je me suis tenu caché aux environs avec mes gens, dans l'intention de pénétrer dans votre chambre et de vous arracher à l'horrible péril qui vous menaçait. Malheureusement ma troupe n'était pas assez nombreuse pour empêcher ces misérables de piller Mézarnou; sans cela, en cette circonstance, j'eusse agi avec eux comme au Granec et à Plogastel.

Après ce mensonge, La Fontenelle porta à ses lèvres un petit sifflet d'argent et en tira un son perçant qui fut entendu de ses soldats.

— Ne vous effrayez pas, dit-il à l'Héritière, j'appelle mes gens qui sont restés cachés derrière les taillis qui bordent votre jardin.

A ce signal on entendit le bruit des pas des chevaux qui se mettaient en marche.

Les nombreux serviteurs du château furent tout-à-fait impuissants à s'opposer au pillage : comme les gardes qui logeaient à l'entrée du parc, ils furent tous liés et garrottés.

Les Ligueurs, qui avaient l'habitude de ces sortes d'expéditions, avaient serré leur butin avec beaucoup de soin et de manière qu'il eût été impossible à monsieur de Mézarnou lui-même, s'il les avait rencontrés par hasard, de supposer que ces hommes fussent chargés de dépouilles enlevées dans son propre château.

La pauvre Marguerite fut tellement impressionnée de l'enlèvement de Marie, qui lui avait été confiée en partant par son père, que le lendemain les paysans des environs la trouvèrent au milieu d'une lande, les traits entièrement décomposés et tout-à-fait méconnaissables. L'imagination de cette jeune fille avait toujours été extrêmement faible, et sa tête n'avait pas tardé à se perdre en entendant chaque jour raconter les crimes commis par La Fontenelle, et mille autres atrocités de pure invention. Pusillanime comme elle l'était, il n'était donc pas étonnant que la présence du capitaine eût ébranlé instantanément sa faible organisation puisque le nom seul de celui-ci suffisait pour la glacer d'effroi. Depuis cet événement, la raison de Marguerite s'égara, et les gens du pays la rencontraient souvent par les chemins tantôt marchant avec une grande lenteur et tantôt courant à perdre haleine. Puis tout-à-coup, à leur approche, elle s'arrêtait et s'écriait en les regardant fixement :

— Prenez garde à vous !..... N'allez pas au manoir, car vous y trouverez La Fontenelle ! Mais tenez, regardez bien...... le voyez-vous là-bas emportant sur son grand cheval noir, Marie, l'héritière de Mézarnou. Il se disait son cousin ; mais c'était le diable ! oui le diable !....

Quelques jours après ces malheurs, monsieur et madame de Mézarnou arrivèrent chez eux.

Qu'on juge de leur douleur et de leur désespoir lorsqu'ils se virent dépouillés non seulement de leurs richesses, mais encore de leur fille chérie qui faisait leur bonheur en ce monde.

Dans cette nuit ils perdirent une somme d'environ quarante mille écus. Ils ne tardè pas à connaître le nom du ravisseur, dont ils maudirent cent fois la perfidie et la déloyauté. Dans leur colère, ils formèrent le projet de s'en venger et de dénoncer La Fontenelle au roi Henri IV ; mais telle était l'impuissance des lois dans ce siècle où la force et la violence pouvaient tout, qu'après réflexion ils résolurent de se taire, craignant les fureurs de leur cousin aussi bien que son affreux caractère. Ils reçurent du reste bientôt une lettre de celui-ci, dans laquelle il leur annonçait que Marie avait été conduite par lui à Saint-Malo, dans un couvent d'Ursulines. Il ajoutait qu'aimant sa cousine à l'adoration, il avait juré de l'épouser lorsqu'elle aurait atteint l'âge de quinze ans, et que rien ne pourrait le faire renoncer à ses projets sur elle. Il terminait en leur disant qu'ils n'eussent à avoir aucune inquiétude sur le compte de leur enfant ; qu'elle serait élevée par l'abbesse de la communauté, une des amies de sa famille. Il leur signifiait en outre de ne faire aucune tentative pour essayer d'arracher Marie de ce couvent. Enfin, il les menaçait de sa vengeance s'ils osaient porter la moindre plainte contre lui. Cette lettre, écrite de la main de La Fontenelle, était véridique.

A peine arrivé à l'île Tristan, il était parti pour Saint-Malo avec l'héritière et l'avait confiée à la sœur de monsieur De Romar, qui était abbesse des Ursulines.

CHAPITRE V.

LA LETTRE.

L'année 1596 venait de commencer, et jamais année ne fut aussi calamiteuse en Cornouaille, à cause des pluies continuelles qui ne cessèrent de tomber et qui, en détruisant les moissons, plongèrent le pays dans une affreuse misère.

Le plus puissant chef de la Ligue, le duc de Mayenne, venait de faire sa soumission au roi de France, mais malgré cet exemple, Mercœur tenait bon et cherchait à gagner du temps en faisant espérer que bientôt il mettrait bas les armes. Cette pensée était bien loin de son cœur, et il n'avait pas renoncé à ses projets ambitieux sur la Bretagne.

De son côté, le roi était obligé de feindre, de peur que Mercœur ne livrât aux Espagnols les places dans lesquelles il commandait encore. Ces réflexions l'amenèrent à conclure avec lui une trêve qui devait se prolonger jusqu'au mois d'avril de cette année. Désireux aussi de faire cesser la guerre civile et de mettre un terme aux maux de la Cornouaille, Henri se décida à envoyer auprès du duc, le maréchal de Lavardin qu'il savait être à la fois un excellent diplomate et un esprit conciliateur. Il espérait beaucoup de cette dernière tentative, et il avait recommandé à son général d'essayer en même temps de faire rentrer La Fontenelle dans le devoir, en lui promettant son pardon s'il consentait à se soumettre.

Comme Lavardin l'avait annoncé à son cousin Amaury, dans une de ses lettres, il arriva peu de jours après à Beaumanoir-Eder.

Mademoiselle de Loquevel qui, pendant la durée du siége de Douarnenez, avait tant souffert en songeant aux dangers que courait Du Granec, éprouva une grande joie de l'arrivée du maréchal. Elle se flattait que La

Fontenelle s'amendant, le bonheur renaîtrait dans le cœur du baron de Beaumanoir.

Le lendemain matin, pendant que celui-ci s'entretenait avec le maréchal de l'enlèvement de l'héritière de Mézarnou et des autres perfidies de Guy-Eder, une lettre venant de Quimper lui fut remise.

A peine Beaumanoir en eut-il lu les premières lignes, qu'une pâleur effrayante se manifesta sur son visage ; bientôt son émotion fut si grande, qu'il pria Lavardin de vouloir bien lui donner lecture de cette lettre qui était de Du Granec.

Voici ce que disait cet écrit :

« Mon cher baron, à peine rentré au
» château paternel, j'ai cru devoir me ren-
» dre à Quimper, auprès de la respectable
» famille Treffilis. Cette pénible visite m'é-
» tait imposée par l'étroite amitié qui exis-
» tait entre moi et le lieutenant de Sourdéac..
» Peu de jours après mon arrivée, je sus
» que Saint-Luc, qui commandait ici, avait
» été informé que La Fontenelle entretenait
» des intelligences avec le capitaine Le
» Clou, de la garnison de Quimper, et que
» celui-ci, pour être plus près de l'île Tris-

» tan, s'était établi avec sa compagnie au
» manoir de Kerguélénen. Il est vrai que
» quelques personnes affirmaient que le but
» de Le Clou était de resserrer votre frère,
» pour l'empêcher de faire des courses
» dans la campagne. Saint-Luc, peu con-
» fiant dans le caractère de Le Clou, le fit
» arrêter; mais ce capitaine lui déclara que
» s'il avait eu des entrevues avec Guy-
» Eder, c'était pour l'attirer dans un piége,
» et que si on voulait lui rendre la liberté,
» il faisait le serment de conduire bientôt
» à Quimper le terrible ligueur pieds et
» poings liés. En entendant ces paroles,
» Saint-Luc renvoya Le Clou à Kerguélé-
» nen après lui avoir donné l'ordre d'agir
» le plus promptement possible. De ce châ-
» teau, Le Clou invita La Fontenelle à se
» rendre à leur rendez-vous habituel, sans
» aucune escorte. Il lui faisait également
» savoir que lui-même s'y rendrait accom-
» pagné d'un seul domestique. Pendant la
» nuit, Le Clou eut soin d'envoyer sur les
» lieux une trentaine d'arquebusiers avec
» ordre de se tenir cachés derrière les haies
» qui bordaient le grand chemin. Quant à

» lui, à la pointe du jour, il était présent à
» l'endroit où devait avoir lieu ce pourpar-
» ler. Peu de temps après, arriva aussi La
» Fontenelle suivi de son lieutenant La
» Boulle. Le Clou et votre frère, après s'être
» embrassés et s'être fait mille politesses,
» descendirent de cheval et se mirent à par-
» ler de l'occupation de Quimper; mais sou-
» dain, à un signal donné, les arquebusiers
» firent pleuvoir de leur cachette une terrible
» arquebusade sur Guy-Eder qui, étonné et
» surpris de cette détonation, fut saisi au
» collet et fait prisonnier. Quant à La Boulle,
» il sauta rapidement sur son cheval et s'en-
» fuit à toute bride dans la direction de
» Douarnenez. Au moment même où je
» vous écris, votre frère arrive à Quimper.
» Toute la ville est dans la plus grande joie
» de cette capture et demande à grands cris
» sa tête à monsieur de Saint-Luc. Tout le
» monde pense que le prisonnier va être
» dirigé sur Rennes et mis entre les mains
» du Parlement. Quoi qu'il puisse arriver,
» et malgré le mal que m'a fait Guy-Eder,
» cependant je crois qu'il est de mon devoir
» de vous prévenir de cette nouvelle. »

Il va sans dire que Du Granec n'oubliait pas Clara dans cette missive, et qu'il lui consacrait quelques lignes.

En terminant sa lecture, le maréchal de Lavardin conseilla au baron d'écrire sur-le-champ à Saint-Luc pour implorer sa pitié. Il avoua que pour lui, dans cette circonstance, il s'abstiendrait de toutes démarches, car il savait que Saint-Luc avait été fort irrité de sa nomination au grade de maréchal.

A l'instant même, Amaury se mit à écrire en faveur de son frère une de ces lettres toute empreinte de larmes, où parle seul le cœur. Avant de la faire partir, il en donna communication à Lavardin.

CHAPITRE VI.

MONSIEUR DE SAINT-LUC.

François d'Epinay de Saint-Luc, alors lieutenant-général du roi en Bretagne, était un des gentilshommes les plus accomplis de France. Ancien favori de Henri III, ce courtisan habile joignait à une grande valeur des mœurs fort douces ainsi qu'un esprit fin et délicat qu'il avait cultivé dès son enfance par l'étude des belles-lettres.

Le Béarnais, qui avait su le distinguer à la bataille de Coutras, l'avait fait chevalier de ses ordres et lui avait promis de le nommer grand-maître de l'artillerie aussitôt que cette charge deviendrait vacante.

Monsieur de Saint-Luc était occupé à travailler dans une des vastes chambres du vieil hôtel qu'il habitait à Quimper, lorsqu'il reçut la lettre du baron de Beaumanoir. En la lisant, le cœur du général se sentit profondément ému et il résolut de rendre La Fontenelle à la liberté à cause de sa famille. Il répugnait à Saint-Luc de livrer à la justice un homme qui, peut-être un jour, déplorerait les cruelles expéditions de sa jeunesse, et il savait que le mettre entre les mains du Parlement c'était l'envoyer à une mort certaine. Bien qu'il n'ignorât pas que son prisonnier fût cousin de Lavardin, qui avait été nommé maréchal à sa place, cependant il aurait rougi, à cause de ce fait, de profiter de cette occasion pour perdre par esprit de vengeance un membre de la famille des Beaumanoir. Et pourtant, quand Saint-Luc songeait aux souffrances de la Cornouaille, alors il sentait s'éteindre toute pitié et son cœur de loyal soldat se soulevait au souvenir des atrocités de Guy-Eder. Mais d'un autre côté, que lui faisaient les affaires de Bretagne? il savait qu'il avait fort peu de temps à y séjourner et que bientôt il retournerait à Paris où l'appelait la nouvelle dignité de grand-maître de l'artillerie.

Après avoir réfléchi un moment il donna l'ordre d'aller quérir La Fontenelle et de l'introduire en sa présence. Celui-ci parut environné de la garde nombreuse qui ne l'avait pas quitté depuis son arrestation. Malgré la terrible situation où il se trouvait, le partisan avait toujours la tête haute et le regard altier ; seulement les traits de son visage semblaient quelque peu altérés, et il était facile de voir que le dépit d'avoir été ainsi pris par la ruse de Le Clou, avait allumé dans son âme un désir impérieux de vengeance qui, faute de pouvoir être assouvi, le torturait bien cruellement. Depuis qu'il était captif, c'était la seconde fois qu'il paraissait devant Saint-Luc.

— Eh bien ! monsieur de La Fontenelle, s'écria ce général quand les soldats de garde se furent retirés par son ordre dans l'antichambre, êtes-vous disposé à mourir ?

— Oui, monseigneur, répondit La Fontenelle en s'inclinant ; quand l'heure suprême où je dois quitter ce monde aura sonné, j'espère mourir bravement en soldat et en gentilhomme ; mais je vous l'avouerai, je ne considère pas la situation dans laquelle je me trouve comme entièrement désespérée; je conserve encore l'espoir de sortir libre de cette ville, afin de pouvoir me venger du traître qui m'a livré à vous avec tant de perfidie.

— Oh ! de grâce, repartit sévèrement Saint-Luc, laissez de côté tout ce qui a de rapport à la trahison, car personne ne s'est montré plus cruellement perfide que vous dans les divers actes de votre vie, et certes Le Clou en employant la ruse à votre égard ne s'est servi pour vous combattre que de vos armes ordinaires.

En ce moment le prisonnier feignit de baisser la tête devant le coup-d'œil d'indignation que lui lança Saint-Luc ; mais intérieurement il frémissait de rage d'être à la merci de ce fier gentilhomme qui, d'un seul mot, pouvait le sauver et l'arracher à la justice de Rennes, ou bien l'envoyer à la mort. Il laissa donc Saint-Luc épuiser son indignation sans l'interrompre, puis il reprit hypocritement :

— Oui, monseigneur, je le répète, l'espérance n'est pas encore sortie de mon cœur; et quelque chose me dit que monsieur de Saint-Luc, le plus noble gentilhomme de France et le meilleur ami du roi Henri III, ne laissera pas le cadet des Beaumanoir-Eder finir sa vie sur un gibet!

— Ma foi, bien certainement il y aurait justice à vous envoyer à la mort que vous avez si souvent méritée, et vous savez qu'il ne tient qu'à moi de vous faire exécuter sur-le-champ, sans qu'il soit besoin de vous conduire à Rennes. Mon devoir et les ordres du roi me prescrivent de ne garder aucun ménagement avec vous.

— Je n'ignore rien de tout cela, monseigneur, dit La Fontenelle avec assurance; mais je suis persuadé que vous avez trop de sang noble dans les veines pour commander froidement mon supplice et que votre âme est trop chevaleresque pour que j'aie rien à craindre de votre personne.

Saint-Luc, au lieu de répondre, après avoir regardé fixement La Fontenelle, garda le silence et sembla s'abîmer dans de profondes réflexions.

Pendant ce temps le prisonnier qui l'observait avec attention, vit que le moment était venu de risquer le moyen qu'il avait résolu d'employer pour recouvrer sa liberté. Depuis longtemps il connaissait parfaitement bien le caractère de Saint-Luc, il savait qu'au milieu de ses belles qualités, cet ancien favori avait aussi un grand nombre de faiblesses; que son principal défaut était d'aimer par-dessus tout le faste, la dépense et par conséquent l'or. Aussitôt qu'il fut au pouvoir d'un tel homme, il conçut l'espoir de se retirer de ses mains et il se promit de lui offrir une forte somme pour sa rançon. S'apercevant donc que le général paraissait disposer à l'écouter favorablement, il reprit en ces termes :

— Oui, monseigneur, je le dis hautement, je suis fier d'être votre prisonnier et je n'espère qu'en vous seul.

— Monsieur de La Fontenelle, reprit Saint-Luc avec force : il faut que vous sachiez bien que non-seulement toute la ville de Quimper demande à grands cris votre tête; mais encore que des députations de plusieurs villes de Bretagne m'arrivent chaque jour depuis votre arrestation, me suppliant de vous faire pendre sans autre forme de procès sur la place de Saint-Corentin, en expiation de tous les méfaits dont vous avez accablé ce pays. Mais heureusement pour vous, je veux bien vous considérer comme prisonnier de guerre et suis décidé à n'agir que d'après ma seule volonté, sans me laisser influencer par personne.

— Seigneur de Saint-Luc, s'écria hardiment La Fontenelle, tout en vous remerciant mille fois de l'intérêt que vous daignez prendre à un malheureux gentilhomme qui vous en conservera une éternelle reconnaissance, permettez-moi de vous offrir pour ma rançon une somme de quatorze mille écus, que je m'engage à vous faire porter ici, demain, par mes gens. Je m'estimerai heureux si vous voulez bien l'accepter en souvenir de moi.

Cette proposition, comme l'avait pensé La Fontenelle, vibra agréablement aux oreilles du général; cependant Saint-Luc, ne voulant pas laisser percer la joie qu'il en ressentait, se contraignit, et prenant un visage froid et glacé, il continua d'un ton sévère :

— Connaissez-vous cette écriture, monsieur de La Fontenelle?

— Oui, général, elle est de mon frère.

— Lisez donc alors, et voyez jusqu'à quel point ce loyal gentilhomme vous aime et combien il tremble pour votre vie! Il me demande votre grâce.

— Pauvre frère! s'écria La Fontenelle après avoir pris connaissance de la lettre du baron; tu peux être certain que je ne serai pas ingrat envers toi et que je t'aimerai jusqu'à la mort!

En prononçant ces mots, ses yeux semblèrent devenir humides.

Saint-Luc, qui s'aperçut de cette émotion, le considéra attentivement pour voir si quelque larme viendrait mouiller ses paupières, mais il ne vit rien, l'œil du partisan était entièrement sec et son regard avait repris son expression habituelle.

— Monsieur, reprit Saint-Luc, en considération de votre frère et de l'illustre maison à laquelle vous appartenez, je vous fais grâce et vous rends à la liberté! Demain, vous pourrez retourner à l'île Tristan; mais n'allez pas mépriser les conseils d'un soldat qui vous a sauvé et qui a eu pitié de votre jeunesse. Aussitôt votre retour à Douarnenez, croyez-moi, licenciez vos soldats et après avoir fait amende honorable, expatriez-vous pour quelque temps. Pendant cette absence, faites solliciter votre pardon par l'entremise de votre cousin Lavardin qui est tout-puissant à la cour. Moi-même, je vous le promets, je m'engage à obtenir du roi que vos crimes et vos actes passés soient oubliés ! Dans quelques années, quand le souvenir de vos fautes sera presque éteint, vous reviendrez en France. Soyez bien certain que ce n'est que dans cette espérance que je vous laisse aller, car si j'avais la pensée que vous dussiez recommencer votre vie de brigand, je serais le premier à vous accompagner jusqu'à Rennes et à vous livrer au Parlement. Le moment est opportun pour faire votre soumission et pour mettre bas les armes. Je n'exige pas de promesses de votre part. Si vous demeurez sourd aux avis que je vous donne, vous serez bien cruellement puni et cette punition ne tardera pas à vous atteindre. Alors personne ne pourra vous arracher à votre sort ; vous mourrez ignominieusement sur la Roue comme le plus infâme des scélérats !

La Fontenelle n'osa pas répliquer à ce discours. Il se contenta de s'incliner devant Saint-Luc, puis quelques minutes après, il écrivit à De Romar pour le prier de lui faire passer la somme de quatorze mille écus, prix de sa rançon.

Un messager partit à l'instant même, et le lendemain De Romar, accompagné de quatre soldats, faisait son entrée dans Quimper. Introduit auprès de Saint-Luc, le lieutenant lui compta la somme offerte par La Fontenelle.

Quant à celui-ci, après avoir vivement remercié son libérateur, il sortit de la ville à la tombée de la nuit, de crainte d'être reconnu par les habitants. Arrivé au sommet d'une des collines qui dominent Quimper, il se détourna tout-à-coup, l'œil étincelant et la figure menaçante, et désignant à De Romar et à ses gens la cathédrale qui s'élevait belle et majestueuse au-dessus des autres édifices ; il s'écria :

— Dans peu je reviendrai là-bas ;

mais cette fois ce ne sera pas les mains liées et en prisonnier. J'entrerai à Quimper pour faire rendre à ses habitants tout l'argent que je viens de payer à monsieur de Saint-Luc, et puis aussi pour faire pendre au haut de ces tours le perfide Le Clou ! Le larron ne périra pas seul... à ses côtés, je ferai figurer bon nombre de ces chiens de Quimpérois qui ont été si empressés et si ardents à demander ma mort !...

Ayant dit ces mots d'une voix terrible et solennelle, Guy-Eder lança son cheval à travers les sentiers tortueux de la route. Un sourire infernal et cruel erra sur ses traits décomposés par la rage et le désir de la vengeance.

Bientôt on vit la petite escorte qui l'accompagnait, se perdre dans les chemins presqu'impraticables tracés à travers les landes et les bruyères qui menaient à Douarnenez.

CHAPITRE VII.

QUIMPER EN 1597.

On ne peut se figurer quel mécontentement et quels murmures éclatèrent dans Quimper, à la nouvelle de la mise en liberté de La Fontenelle. Les bourgeois surtout devinrent furieux en apprenant que leur plus cruel ennemi venait d'être relâché. Leur dépit était bien naturel; ils s'étaient promis tant de plaisir à le voir mourir sur la roue, ou au moins à le savoir condamné au dernier supplice par les Parlements de Rennes ou de Paris. Mais leurs regrets étaient inutiles. Le tigre était libre et démuselé, et ils avaient tout à craindre de sa férocité qui allait encore s'accroître par le désir de la vengeance.

Quant à Saint-Luc, il s'inquiétait fort peu des criailleries des bons Quimpérois. Son avarice était satisfaite et la forte rançon qu'il avait reçue, l'avait rendu sourd à toute espèce de plaintes ou de représentations. Comme il allait être bientôt remplacé dans son gouvernement de Bretagne par le maréchal de Brissac, il avait formé le projet, à la première occasion favorable, de se rendre à Paris, pour solliciter de nouveau la place qui lui avait été promise. C'est pourquoi, vers la fin de l'année 1596, Saint-Luc, en apprenant que le roi assiégeait Calais, partit de Quimper dans le but d'aller lui offrir ses services, mais quand il arriva, le Béarnais était déjà devant La Fère, qu'il emportait d'assaut.

Le monarque, charmé de voir venir à lui un des plus vaillants capitaines du royaume, l'accueillit avec empressement et le nomma grand-maître de l'artillerie, à la place du sieur de La Guiche, dont la démission venait d'être acceptée. De plus il attacha Saint-Luc à sa personne et ne voulut jamais consentir à ce qu'il retournât en Bretagne.

Pendant ce temps, Du Granec était toujours demeuré à Quimper, dans la famille de son ami Treffilis. Il lui avait été impossible d'expliquer la coupable conduite de Saint-Luc, et il n'avait pu comprendre comment un brave soldat tel que lui s'était laissé corrompre par un peu d'or, au risque de voir sa réputation ternie pour toujours. Certes, comme tous les honnêtes gens, Du Granec avait déploré ce qui venait d'avoir lieu, et il avait frémi d'indignation en apprenant la mise en liberté de La Fontenelle, parce qu'il avait la certitude que celui-ci, une fois dans son île, bien loin de s'amender et de revenir à une vie meilleure, recommencerait ses déprédations et ses courses avec encore plus de fureur que par le passé. Une seule chose seulement venait tempérer sa colère, c'est qu'il songeait à Beaumanoir, l'ami de son père et le parrain de sa bien-aimée Clara, et alors, laissant de côté l'égoïsme, il comprenait quelles eussent été les douleurs et les angoisses de ce malheureux gentilhomme, si Guy-Eder avait été condamné à mourir sur l'échafaud.

Bientôt Du Granec reçut d'Amaury lui-même une lettre de remerciement pour l'avis qu'il lui avait donné au sujet de la capture et de l'emprisonnement de son frère. Le baron lui faisait également savoir que Lavardin avait entièrement échoué dans sa mission auprès de Mercœur, et que le duc, persistant dans ses idées ambitieuses, était resté inflexible sans vouloir adopter aucun mode d'accommodement ; que seulement le maréchal avait pu l'amener à conclure une trève.

Sur ces entrefaites, le maréchal de Brissac était arrivé à Rennes où il avait pris le commandement du gouvernement de Bretagne à la place de Saint-Luc.

Lavardin, plein de dépit, et désolé de son insuccès, venait de partir de Nantes et avait regagné Paris. Non-seulement il avait échoué avec Mercœur, mais encore La Fontenelle, ayant appris la résistance du chef de la Ligue, s'était empressé d'écrire au maréchal et de refuser toute espèce d'entrevue, déclarant hautement son intention de continuer à combattre comme par le passé les Royaux et de soutenir le parti de l'Union.

La ville de Quimper, à l'époque où se passe cette histoire, était considérée comme la capitale de la Cornouaille. Elle eut pour premier comte ou seigneur, Grallon qui, dans la suite, prit le titre de roi. Ce fut lui qui nomma saint Corentin évêque de Quimper, entre les années 434 et 445. Quimper, au Ve siècle, se nommait Quimper-Odet, du nom de l'une des rivières sur laquelle elle est située. Cette ville fut longtemps ouverte et sans défenses ; mais Pierre de Dreux, duc de Bretagne, sentant qu'une place aussi importante ne pouvait rester sans fortifications et sans clôture, la fit entourer de murailles solides et épaisses, bordées d'un parapet garni de meurtrières et de mâchicoulis, qu'il flanqua de plusieurs tours placées de distance en distance (1).

Toutes ces tours avaient leurs noms. Il ne nous est parvenu que ceux de : Pénalen, de Nevet, de Furic et de la tour Bihan qui,

---

(1) On voit encore de nos jours, en divers endroits de Quimper, quelques débris des fortifications élevées au treizième siècle.

à elle seule, était une petite citadelle parfaitement bien fortifiée.

Sous Henri IV, Quimper avait plusieurs portes qui donnaient accès dans la ville :

Voici leurs noms :

La Porte-Bihan, Saint-Antoine, des Régaires, Parc-ar-Cos-Ty, la Porte de la Rue-Neuve et la Porte Médard. Ces deux dernières seulement étaient ouvertes en temps de guerre. Toutes ces portes avaient une ou plusieurs tours de défense; et celles-ci étaient plus rapprochées et plus élevées sur les bords du Steir, près la pointe du confluent, à l'endroit même où le duc Jean V avait fait construire le château de la ville.

Ce ne fut pas sans raison que ces utiles travaux s'élevèrent. La suite fit voir que Quimper, à cause de son importance et de sa situation, fut convoité à différentes époques par plusieurs célèbres capitaines. En effet, en 1344, Charles de Blois l'emporta d'assaut, et l'année suivante Montfort essaya de s'en emparer. En 1594, Lézonnet, gouverneur de Concarneau, fit une tentative sur Quimper; mais il fut forcé de battre en retraite, après avoir été grièvement blessé.

Quelque temps après, le maréchal d'Aumont, à l'instigation de celui-ci, vint mettre le siége devant la capitale de la Cornouaille.

Il ne parvint à s'en rendre maître qu'après avoir essuyé une vigoureuse résistance de la part des bourgeois qui, dans cette circonstance, se comportèrent comme les plus vaillants soldats.

CHAPITRE VIII.

QUIMPER EN 1597 (Suite).

En 1597, Kermoguer était gouverneur de Quimper, et cette ville avait pour évêque Charles du Liscoët, homme aussi distingué par ses talents que par ses vertus. Malgré sa situation pittoresque sur le Steir et l'Odet, Quimper était une ville sombre, fort triste, mal pavée et assez irrégulièrement bâtie, à l'exception de quelques vieux hôtels appartenant à des familles nobles, lesquels hôtels étaient jetés çà et là au milieu des autres édifices dont ils ne se distinguaient guère que par leur solidité, leurs grandes croisées en pierres et leurs murailles toutes chargées d'écussons et de bas-reliefs.

Quant aux autres maisons, elles étaient ce que sont aujourd'hui plusieurs d'entre elles, que l'on peut voir encore dans les rues du Guéodet, des Gentilshommes et autres vieux quartiers de la ville. Les unes, en pierres grisâtres, s'élevaient avec leurs pignons aigus en ardoises; d'autres, construites en bois avec leurs poutres en saillie badigeonnées, étaient remarquables par leurs ornements bizarres et par leurs sculptures représentant divers personnages grotesques. En général, elles avaient des croisées de formes tout-à-fait différentes. Quelques-unes étaient ogivales ou en accolade; d'autres édifices avaient des fenêtres défendues par des grillages en fer et étaient flanqués de tourelles, comme s'ils eussent été des prisons ou de petites forteresses.

La plupart des rues étaient extrêmement étroites, et il y régnait une obscurité telle, qu'en plein midi les passants avaient beaucoup de peine à se reconnaître. Telle était alors la rue de la Tourbie, nommée rue Obscure (1).

(1) La rue Obscure, appelée plus tard rue Royale, a été rebâtie en 1822.

Dans d'autres quartiers cependant, on rencontrait plus de clarté, mais toujours aussi peu de symétrie dans les constructions. Ainsi, à côté d'une maison d'une hauteur excessive de pignon et tout embellie de gothiques balcons, on en voyait une autre basse et semblant menacer ruine, tant elle surplombait sur la rue.

Quant aux quais, ils étaient dans un état pitoyable. C'étaient de véritables cloaques, où quelques pierres pointues avaient été jetées çà et là, en guise de pavés; aussi la marche des piétons sur un semblable terrain était-elle à la fois difficile et dangereuse. Quimper n'était guère habité que dans sa partie inférieure.

Le haut de la ville n'était occupé que par des vergers ou d'immenses jardins.

A la place des élégants vitrages destinés de nos jours à faire briller les marchandises exposées en vente, les marchands d'alors avaient leurs étalages se projetant sur la rue des deux côtés, de sorte que leurs boutiques, disposées ainsi, diminuaient la largeur de la voie publique. On n'y trouvait point, comme maintenant, ces objets luxueux et futiles qui séduisent les yeux du beau sexe et principalement des badauds ; mais on y remarquait des marchandises et des ustensiles de première nécessité, tels que des pièces de draps de diverses couleurs, des chausses, des manteaux et des ouvrages de tapisserie. Puis, sur les étalages extérieurs, c'étaient des toiles de Bretagne, des bottes et des chapeaux de toutes les formes. A la porte des armuriers brillaient des armes magnifiques : des cuirasses, des casques, des épées à manches richement travaillés, des dagues de la plus fine trempe et des rapières fort estimées, fabriquées en Flandre ou en Italie.

Malgré l'activité que l'on remarquait dans certaines boutiques et dans quelques rues, cependant il n'était pas difficile de s'apercevoir, à l'expression de tristesse répandue sur les physionomies de la plupart des passants, que la population était malheureuse et qu'elle souffrait bien cruellement. Pourquoi souffrait-elle ? C'est que la plus affreuse misère se faisait sentir au dedans comme au dehors de la ville, et que la peste jointe à la famine étendait ses ravages dans toute la Cornouaille.

Certes, les années précédentes avaient été bien terribles à cause des pluies torrentielles qui avaient ravagé les moissons; mais elles ne pouvaient se comparer à la désastreuse année de 1597, où la Bretagne eut à souffrir des calamités de tous genres. Non-seulement alors régnait une horrible famine; mais encore un autre fléau désolant les villes et les campagnes portait l'effroi dans le cœur de tous les habitants. Nous voulons parler de la rage et de l'acharnement avec lesquels les loups attaquaient les hommes partout où ils les rencontraient.

Jamais les vivres n'avaient été aussi chers que dans cette année-là. La rareté et le prix des denrées causèrent bientôt la disette, car malgré les efforts des autorités du pays et des gens riches, il devint de toute impossibilité de secourir les malheureux dont le nombre augmenta chaque jour. La dévastation et la ruine des propriétés rurales par les gens de guerre, furent encore une des causes de ces calamités publiques.

Les paysans chassés de leurs fermes ne pouvaient ni travailler ni ensemencer leurs terres. Quand il leur arrivait d'échapper aux soldats de La Fontenelle, ils ne pouvaient se soustraire aux horreurs de la faim, et alors, dans cette extrémité, ils sortaient du fond des bois pour chercher quelque nourriture; mais ils avaient beau fouiller les demeures abandonnées qu'ils trouvaient sur leurs routes, ils n'y découvraient absolument rien, et toutes leurs recherches étaient inutiles. Découragés, épuisés de fatigue et de besoin, ces infortunés se retiraient dans leurs sombres retraites, et là, pour essayer de résister à la mort, ils étaient contraints de manger des orties, de l'oseille et toutes sortes d'herbes sauvages, qu'ils s'arrachaient avec avidité. Mais bientôt ces faibles ressources venant à leur manquer, ils tombaient morts, et leurs corps servaient de pâture aux bandes de loups qui rôdaient dans les campagnes.

Ces féroces animaux se repurent tellement de chair humaine, qu'ils s'y habituèrent et osèrent s'attaquer indistinctement à tout le monde. Les hommes armés n'étaient pas à l'abri de leurs attaques. Quant aux femmes, elles furent obligées de rester enfermées dans les maisons, sans pouvoir vaquer à leurs occupations ordinaires. Enfin la famine devint si horrible, que plusieurs de ces malheureux, mourant de faim, essayèrent de se rassasier avec de la graine de lin; mais cet aliment, au lieu de relever leurs forces, ne servit qu'à les rendre plus malades et à accroître leurs souffrances.

De tous les côtés on trouvait des cadavres sur les chemins. Tous ces corps extrêmement enflés répandaient une odeur infecte et insupportable. Les misérables qui échappaient à ce mal et qui étaient doués d'une énergie surhumaine, tâchaient d'obtenir de quelques-uns de leurs amis des semences, puis ils se mettaient eux-mêmes à la charrue, ensemençant ce grain dans l'espérance qu'ils en récolteraient quelque chose à la moisson et que Dieu les prendrait en pitié. D'autres, ne possédant aucun instrument aratoire et ne pouvant faire de labourage, incendiaient des champs de genêts et de landes et y faisaient leurs semailles.

Ainsi donc, les paysans, réduits aux dernières extrémités, cherchaient tous à pénétrer dans les villes, où ils espéraient rencontrer un asile plus sûr que les bois, comptant pour subsister sur la compassion des gens riches et charitables (1).

(1) Voyez, pour toutes ces calamités, l'Histoire de la Ligue en Bretagne.

CHAPITRE IX.

LA CATHÉDRALE DE SAINT-CORENTIN.

Quimper, comme la principale ville de la Cornouaille, ne tarda pas à être envahi par une foule d'habitants des campagnes, qui s'y jetèrent de toutes parts. Les magistrats, malgré l'impossibilité où ils étaient de soulager toutes ces misères, ne crurent cependant pas devoir leur fermer leurs portes, et ils accueillirent avec bonté ces pauvres malades. Pour la plupart, ils couchaient en plein air dans les fossés de la ville. Quelques-uns, pour réchauffer leurs corps glacés, se fourraient dans des fumiers d'où le lendemain on les retirait privés de sentiment et morts du terrible *mal jaune*.

D'un autre côté, la fureur des loups semblait s'accroître. Chaque jour, les marchandes des campagnes qui venaient au marché de Quimper, rencontraient ces animaux emportant avec eux des chiens qu'ils avaient surpris dans les rues, ou quelques habitants trop souffrants pour avoir pu échapper à leur voracité.

Cependant Charles du Liscoët, qui gémissait en son cœur chrétien de ces affreuses calamités, annonça que des prières publiques seraient dites dans toutes les églises, et que le 1er avril, qui était un dimanche, une grand'messe serait chantée solennellement à la cathédrale pour implorer la miséricorde divine. Il engageait tous les fidèles à se joindre à lui pour supplier Dieu de mettre fin aux misères qui désolaient la Cornouaille.

Le jour désigné arriva. Le soleil se leva radieux sur la ville. Le ciel était pur et l'air tout rempli de chaudes émanations printanières apportées par la brise.

A neuf heures du matin, une foule immense se pressait sous les superbes arceaux de la cathédrale dédiée à saint Corentin.

Monseigneur l'Evêque officiait en personne. Sa voix avait été entendue, et l'intérieur de la basilique était comble quand la sainte messe commença.

Tel avait été l'empressement des Quimpérois à se rendre à cette solennité, que l'église se trouva trop petite pour contenir les flots de peuple qui cherchèrent à y pénétrer. Ceux qui ne purent réussir à entrer dans la cathédrale demeurèrent sur la place Saint-Corentin. Là, dans un profond recueillement, la foule agenouillée assista de cœur à l'office divin.

C'était vraiment quelque chose de sublime et de touchant que de voir toute cette population invoquant humblement le Seigneur. A côté du gouverneur, on remarquait tous les principaux dignitaires de Quimper. Dans toute cette multitude rassemblée, ce qu'il y avait d'étrange, c'était de voir la diversité des costumes et le mélange des classes de la société qui, ce jour-là, étaient confondus. Tout près de la dame magnifiquement parée et accompagnée de son page, on pouvait distinguer les paysannes de Kerfeuntun, de Fouesnant et de Plogastel-Saint-Germain, revêtues de leurs costumes nationaux et tenant à la main leurs grands chapelets à grains noirs.

Plus loin, on voyait les principaux bourgeois de la ville, couverts de leurs petits manteaux, de leurs larges hauts-de-chausse et de leurs plus beaux pourpoints, qu'ils ne mettaient que les jours de fête.

Puis, au lieu d'être assis dans leurs stalles réservées comme à l'ordinaire, ce jour-là, le noble et le seigneur avaient voulu, par esprit d'humilité, se mêler aux classes les plus indigentes. Ainsi, les rangs étaient entièrement mêlés, et à côté des représentants les plus éminents de la noblesse, les pauvres rustiques à moitié nus et affamés se courbaient sur la pierre avec leurs têtes chevelues.

Du Granec, comme on le pense, n'avait pas voulu manquer d'assister à cette imposante céromie ; mais, malgré ce désir, il n'avait trouvé de place dans l'église que pour madame de Treffilis et quelques-unes des ses amies qui l'accompagnaient. Il avait donc été forcé de rester comme tant d'autres entendre la messe sur la place Saint-Corentin. Là, placé juste en face du grand portail qui était demeuré ouvert, il se plaisait à écouter les sons religieux venir à lui, sonores et retentissants, et il ne pouvait se lasser d'admirer le travail, les belles proportions et le style du monument qui se dressait devant lui.

Tout en considérant les tours de cette magnifique cathédrale devant laquelle en cet instant tant d'hommes étaient prosternés, il éprouvait comme une sorte d'orgueil en songeant que cette église avait été construite par des compatriotes, des artistes bretons. Et ses regards se portaient sur la superbe statue équestre du roi Grallon, placée sur la balustrade qui liait les deux tours. Il s'amusait à lire la singulière inscription en vers, gravée sous les pieds du cheval du monarque, laquelle commençait ainsi : « *Com' au pape donna l'empereur Constantin, etc.* (1). » Mais plus il regardait l'ensemble de ce beau travail et plus il déplorait que cette cathédrale, dont la première pierre fut posée en

---

(1) La statue de Grallon, qui avait été brisée dans la révolution, vient d'être tout récemment rétablie.

1424, par Bertrand de Rosmadec, demeurât inachevée.

En effet, ses tours, faute d'argent, n'avaient pu être finies, et cette imperfection architecturale nuisait considérablement à la grâce de la façade et au reste de l'édifice, si riche de ses nombreuses statues, de ses merveilleux vitraux, de ses écussons, de ses dentelures et de la délicatesse de ses bas-reliefs (1).

Soudain, d'autres pensées vinrent le retirer de l'espèce d'extase religieuse dans laquelle il était plongé. Il songea qu'il était bientôt temps de quitter Quimper et de rejoindre son vieux père, puis il était décidé à se rendre près de sa fiancée, mademoiselle

---

(1) Cette cathédrale ne fut guère terminée que vers l'an 1527. Mais l'une de ses flèches ayant été renversée par la foudre, elles furent remplacées par des cônes disgracieux en forme d'éteignoirs. De nos jours, feu monseigneur Graveran, évêque de Quimper, par une pensée aussi artistique que nationale, résolut de terminer ces tours, et pour cela il imagina de demander à chacun des fidèles de son diocèse, l'obole du Chrétien, *le sou de Saint-Corentin*. Aujourd'hui, ce magnifique travail est heureusement achevé par les soins de son digne successeur, monseigneur Sergent, évêque de Quimper et de Léon.

de Loquevel, pour demander sa main au baron de Beaumanoir. Mais un sombre nuage passa sur son visage, quand il vint à penser que La Fontenelle serait peut-être encore un obstacle à ses projets. Et quand, au milieu de ses réflexions, ses regards se portaient sur les gens du peuple qu'il voyait à ses côtés priant avec ferveur, il les trouvait plus heureux que lui-même et il portait une véritable envie à ces couples fortunés qui passaient leur vie dans l'obscurité sans désirs et sans ambition.

Cependant Du Granec, en regardant à travers la grande porte, s'aperçut que la cérémonie touchait à sa fin. Dès que la messe fut terminée, il fut obligé de se ranger pour laisser la foule sortir de l'église.

Aussitôt des chants graves et mystiques s'échappèrent de la cathédrale, et mille cierges étincelants s'allumèrent dans les mains des fidèles qui remplissaient la place.

Alors la procession commença à se mettre en marche. Elle devait parcourir toutes les rues de la ville. La grande croix d'argent, les bannières, les reliques et les vases sacrés précédaient Charles du Liscoët, qui, la crosse en main, s'avançait accompagné de tous ses chanoines, du clergé de Quimper et de celui des bourgs environnants. Puis derrière venaient les Cordeliers et les autres ordres religieux. Ils étaient suivis par les dames du prieuré de Loc-Maria. Après marchaient Kermorguer, gouverneur de la ville, le présidial avec son sénéchal et ses conseillers, le procureur des bourgeois, les échevins, le bailli et l'avocat du roi. Parmi les lieutenants de Kermorguer, Du Granec reconnut le capitaine Le Clou, celui qui avait livré La Fontenelle. Enfin venaient les bourgeois, les femmes et les enfants qui fermaient la marche. Tous ces fidèles suivaient la procession dans le plus grand recueillement, récitant à haute voix des prières, des motets, et entonnant de temps en temps des psaumes, des hymnes et des cantiques.

Du Granec, plein d'une douce et sainte émotion, s'était empressé de se mêler à la foule et de suivre la procession à travers les rues. Il l'accompagnait encore, lorsqu'elle rentra dans la cathédrale, au son de toutes les cloches des églises de Quimper.

Là, monseigneur du Liscoët donna la bénédiction à tout son peuple, qui s'en retourna plein de confiance en la bonté de Dieu et beaucoup plus résigné pour supporter les malheurs à venir.

Alors Du Granec rejoignit madame de Treffilis et la reconduisit à son hôtel.

Cette journée consacrée à la prière et aux aumônes releva singulièrement le courage abattu de tous les malheureux Quimpérois ainsi que celui des gens de la campagne. Jusqu'au soir, la cathédrale, les églises de Saint-François, de Saint-Mathieu et du Guéodet ne désemplirent pas de chrétiens qui vinrent adresser leurs prières à l'Eternel.

CHAPITRE X.

ATTAQUES DE QUIMPER PAR LA FONTENELLE.

La Fontenelle, après sa mise en liberté, était demeuré assez tranquille dans son île Tristan, ne faisant plus que de rares excursions. Il avait tressailli de joie en apprenant la conduite de Mercœur et il avait ri du dépit de son cousin Lavardin. Une chose seule l'occupait par-dessus tout, c'était la ville de Quimper, dont il voulait se venger et qu'il avait résolu d'attaquer de nuit pour mieux la surprendre. Il était d'ailleurs vivement encouragé à tenter ce coup de main par ses lieutenants, qui lui représentaient sans cesse que la prise de cette ville les enrichirait tous; qu'il serait facile de s'en emparer parce qu'elle avait une faible garnison, et que Kermoguer, son gouverneur, gentilhomme sans expérience de la guerre, se laisserait facilement épouvanter par une attaque hardie et bien dirigée.

Plusieurs autres motifs le poussaient encore à ne pas différer cette expédition. Il était certain que s'il pouvait pénétrer dans la place, il serait soutenu par un grand nombre de ligueurs avec lesquels depuis longtemps il entretenait des intelligences. Il espérait alors ramener sous la bannière de l'Union, la capitale de la Cornouaille; car il savait parfaitement bien que, malgré sa soumission au Roi, elle était demeurée au fond attachée à la Ligue. Il se rappelait à cet effet, avec quelle vigueur et quelle énergie les Quimpérois avaient résisté à d'Aumont, et il ne pouvait oublier quel mépris et quelle indignation avaient rejailli sur le sénéchal Le Baud et sur les autres conseillers du Présidial, quand ils voulurent, à la même époque, livrer la ville à Lézonnet, gouverneur de Concarneau. S'il réussissait à prendre

Quimper, il éclipsait par cette affaire le duc de Mercœur lui-même.

Plein de confiance donc, il résolut de se jeter bientôt sur cette place, brûlant du désir de se venger du capitaine Le Clou. Mais ses projets furent découverts et facilement déjoués par Kermoguer qui en eut connaissance. Un des sergents de La Fontenelle qui était dévoué au gouverneur, lui apprit que la ville devait être attaquée pendant la nuit. Grâce à cet avis, les Quimpérois sortirent de leurs murailles et firent feu sur l'avant-garde des Ligueurs aussitôt qu'elle parut. Guy-Eder, comprenant que ses desseins avaient été découverts par quelque traître, donna le signal de la retraite et reprit avec les siens la route de Douarnenez.

Loin d'être rebuté et effrayé de ce premier échec, il sembla redoubler d'audace et se mit à faire de grands préparatifs pour une seconde expédition. Cette fois, il n'avait pas l'intention de surprendre Quimper de nuit; il voulait l'attaquer en plein midi, à la face de tous, et montrer ce qu'il était capable de faire au grand jour avec ses terribles soldats. Bientôt Kermoguer apprit, par le même sergent, que La Fontenelle avait mandé à Douarnenez les garnisons de plusieurs villes alliées et qu'il devait venir l'attaquer avec toutes ses forces. Comme la première fois, le gouverneur prit ses précautions et fit doubler la garde des murailles ; mais son attente fut trompée, car rien ne parut.

Cependant le 30 mai, à la pointe du jour, Guy-Eder monta à cheval et sortit de son fort à la tête d'environ douze cents hommes pour la plupart argoulets ou chevau-légers.

Ces cavaliers étaient suivis d'un corps nombreux d'infanterie. Remplis d'enthousiasme et excités par la soif du pillage, ils s'avancèrent en bon ordre, tambours battants et enseignes déployées. Leur chef se croyait si certain du succès, qu'il avait fait partir de son île un grand nombre de bateaux ainsi que plusieurs charrettes pour emporter le butin dont il comptait se saisir.

En cette occasion Kermoguer ne put être informé de l'approche de ses ennemis, car La Fontenelle avait eu la précaution de fermer son fort et d'y consigner sa garnison.

Quant à lui, accompagné de son lieutenant De Romar, il fit avancer rapidement sa troupe, et il était arrivé à Pratanraz (1) sans que les Quimpérois eussent eu le moindre soupçon de sa marche. Parvenu en cet endroit, du haut de son cheval, il se mit à haranguer ses soldats. Après leur avoir parlé de leurs exploits passés et de toutes les expéditions où ils l'avaient suivi, il termina par ces paroles :

— « Mes amis, aujourd'hui ce ne sont
» pas des paysans que vous aurez à
» combattre, mais des bourgeois et des
» hommes de guerre. J'ai la certitude
» que les Quimpérois sont perdus, si nous
» parvenons à forcer leurs murailles et à
» rejoindre dans la ville un grand nombre
» de Ligueurs, qui n'attendent que notre
» arrivée pour lever le masque et poignarder
» Kermoguer. Une fois dans Quimper, vous
» devez vaincre ou y mourir, sous peine de
» devenir la risée de la Cornouaille entière!
» Si vous cédez le terrain et si vous vous
» effrayez, vous tombez inévitablement

(1) Château situé sur la route de Quimper à Douarnenez.

» entre les mains de vos ennemis et vous
» allez terminer votre vie sur l'échafaud
» qui vous attend ! »

Ce discours prononcé avec une grande énergie produisit un puissant effet sur tous ces cruels aventuriers.

La Fontenelle donna ensuite l'ordre de se remettre en marche.

En ce moment la campagne était calme et belle et le soleil brillait au milieu d'un ciel où l'on ne voyait aucun nuage. Enfin, les Ligueurs furent aperçus du haut des tours de Quimper; il pouvait alors être environ dix heures.

A cette vue, les habitants pleins d'étonnement de l'audace du partisan, se joignirent à la garnison, et vinrent border les murailles.

— Voyez-vous tous ces gens s'agiter sur leurs murs, comme des fourmis inquiètes sur leur fourmilière? dit La Fontenelle à De Romar. Oh! que cette fois, tous ces bons bourgeois prennent garde à eux... car je leur réserve le même sort qu'à ceux de Penmarc'h !

Et il se mit à rire, d'un rire vraiment affreux. Son œil d'aigle demeura longtemps fixé sur Quimper, comme s'il eût voulu jouir par avance de la terrible vengeance qu'il se promettait d'assouvir sur ses ennemis.

— Oui, reprit-il avec exaltation, tout-à-l'heure, je commanderai en maître dans Quimper, car j'espère facilement m'emparer de l'une de ses principales portes, grâce au concours de plusieurs capitaines gascons, poitevins et normands qui font partie de la garnison, et qui sont des nôtres. Quant à vous, De Romar, vous resterez en dehors des murailles avec la cavalerie et vous ne me rejoindrez que lorsque je vous en donnerai le signal.

En cet instant, les Ligueurs arrivaient près de la chapelle de Saint-Sébastien. Là, ils résolurent d'enlever une barrière située à l'entrée du faubourg, et prirent sur le champ leurs dispositions pour commencer l'attaque.

Malgré leur calme apparent, il faut le dire, les bourgeois ne laissaient pas que d'être dans de grandes inquiétudes. D'abord ils savaient que la ville était dépeuplée par la maladie; que leurs remparts, à cause de leur étendue, seraient difficiles à défendre et qu'enfin ils n'avaient aucune cavalerie à opposer à celle des Ligueurs. Ils redoutaient aussi avec raison les traîtres qui étaient parmi eux. D'ailleurs, ils avaient remarqué que depuis qu'il était question d'une seconde attaque, tous les gens suspects se promenaient ensemble et ne se quittaient plus; qu'en outre ils semblaient tristes et plongés dans des transes continuelles.

Les appréhensions des Quimpérois étaient parfaitement fondées. En effet, les traîtres devaient conseiller à Kermoguer de faire une sortie dès que les Ligueurs seraient entrés dans la Terre-au-Duc. Alors eux-mêmes faisant semblant de s'opposer à La Fontenelle, se porteraient de ce côté et feindraient d'être repoussés. Tout en effectuant leur retraite, ils auraient soin de laisser la porte ouverte, afin de donner entrée à l'ennemi dans l'intérieur de la ville.

Dans cette situation critique, le gouverneur de Quimper faisait de son mieux. Il donnait des ordres pour la défense de la place, sans trop savoir par où commencerait l'attaque. Ainsi il cherchait à utiliser le peu d'hommes dont il pouvait disposer, plaçant les uns dans les tours et les autres aux barrières. Mais ce fut surtout à la porte Médard qu'il mit le plus de monde, parce qu'il pensa que ce serait le point le plus exposé.

Cependant La Fontenelle, après avoir laissé De Romar à une certaine distance avec sa cavalerie, fit descendre de cheval ses argoulets, et à l'instant il attaqua la barrière en face de la rue qui mène à Saint-Jean.

Un moment le succès parut douteux; mais lui-même, l'épée à la main, se précipitant comme la foudre sur les soldats de Kermoguer, les mit en déroute et parvint avec les siens jusqu'à la place Saint-Mathieu.

CHAPITRE XI.

L'AUBERGE DU LION-D'OR.

Pendant que ces événements se passaient et que des cris d'effroi retentissaient de toutes parts, deux hommes étaient tranquillement assis dans une chambre de l'auberge du Lion-d'Or, située près la porte Médard. Ces deux personnages qui s'entretenaient alors familièrement, n'étaient autres que Du Granec et Kerollain, gouverneur de Concarneau, lequel, à l'instant même, venait d'arriver à Quimper.

Du Granec, qui était intimement lié avec lui, s'était empressé d'aller le rejoindre, et tous deux conversaient de leurs affaires, sans se douter que La Fontenelle fût si près d'eux.

C'était un brave et vaillant capitaine que Kerollain. Il avait épousé une jeune et riche héritière avec laquelle il habitait, en temps de paix, le château de Kerlot, près Quimper; mais dès qu'il y avait mention de troubles ou de guerre, il s'en retournait à Concarneau où il s'était fait chérir et apprécier de tout le monde par son équité et par ses talents militaires. Neveu de Lezonnet, sous lequel il avait fait ses premières armes, il s'était couvert de gloire dans maintes affaires, et particulièrement au siége de Crozon.

— Je serais bien curieux, Du Granec, disait Kerollain, de savoir comment vous avez pu apprendre mon arrivée ici?

— Bien facilement, répondit Du Granec, car il y a environ une heure que, sans m'apercevoir, vous êtes passé près de moi avec votre escorte. Vous ayant reconnu, je me suis empressé de venir vous voir, me rappelant que madame de Treffilis m'avait chargé de vous inviter à dîner chez elle, la première fois que je vous saurais à Quimper.

— Je suis vraiment fâché, mon cher ami,

de ne pouvoir accepter l'invitation de cette dame, à laquelle je vous prie de faire agréer mes excuses. Il faut que dans quelques heures je reparte pour Concarneau, où des affaires importantes me rappellent. Dès que j'aurai fait ma visite à Kermoguer, je quitterai Quimper.

— Comment pouvez-vous partir aussi brusquement d'une ville où vous comptez tant d'amis et où, depuis quelque temps, vous ne faites plus que de rares apparitions ? Allons, à ma prière, vous remettrez votre départ à demain.

— Non, impossible, Du Granec, je ne le puis !

— Quoi donc ! l'attrait d'un dîner avec votre meilleur ami ne saurait-il vous fléchir ?

— Dans d'autres circonstances cette considération serait toute puissante sur moi; mais aujourd'hui, je suis forcé de refuser votre invitation.

— Il y a cependant bien longtemps, Kerollain, que nous ne nous sommes trouvés ensemble !

— Eh bien ! pour remédier à tout ceci,

vous allez m'accompagner et venir avec moi passer quelques jours à Concarneau.

— Non, Kerollain, car voici une lettre de mon père qui me rappelle au château du Laz.

— Alors, s'écria Kerollain, promettez-moi au moins de venir prochainement me rendre visite.

— Je vous le promets ! répondit Du Granec en lui serrant la main avec effusion.

— Comme le temps passe vite, dit Kerollain. Ne vous semble-t-il pas, qu'il n'y a que quelques jours que nous étions au collége de cette ville, avec notre malheureux camarade Hugues de Treffilis, dont la mort m'a causé tant de chagrin ?

— Il est mort bravement sous mes yeux, Kerollain, et j'ai eu la douleur de ne pas pouvoir le venger !

Kerollain se disposait à répondre et à flétrir de toute son indignation les actes coupables de La Fontenelle ; mais il se tut en réfléchissant au massacre de Plogastel ; il craignit d'affliger son ami en réveillant dans son cœur d'aussi tristes souvenirs.

Tout-à-coup leur conversation fut troublée par des cris terribles qui se firent entendre au dehors. Aussitôt Kerollain et Du Granec s'élancèrent à la fenêtre pour voir quelle pouvait être la cause de ces sinistres clameurs. Ils aperçurent plusieurs bourgeois courant comme des insensés, et criant de toutes leurs forces :

— La Fontenelle ! la Fontenelle !

En entendant prononcer le nom du terrible Ligueur, Kerollain demanda à l'un des bourgeois ce qu'il voulait dire.

— Je veux dire, répondit cet homme effrayé, que Guy-Eder est aux portes de Quimper et que tout-à-l'heure la ville sera mise au pillage.

Les deux amis se disposaient à lui adresser d'autres questions; mais déjà celui-ci était bien loin, faisant entendre partout le même cri d'alarme.

— Croyez-vous que La Fontenelle soit réellement si près de nous ? demanda Kerollain à Du Granec.

— Jusqu'à présent, malgré les avis que nous avions reçus, j'étais resté dans les incrédules, doutant beaucoup qu'il osât tenter une seconde attaque après l'échec qu'il a essuyé. D'ailleurs, connaissant sa perfidie, j'avais toujours pensé qu'il n'était pas homme à chercher à s'emparer de cette ville en plein jour.

Kerollain allait répondre, lorsque les six cavaliers qui l'avaient accompagné à Quimper vinrent l'avertir que l'effroi se répandait partout, et que le bruit courait que La Fontenelle était déjà sur la place Saint-Mathieu.

— Il n'y a pas un moment à perdre, dit énergiquement Kerollain à ses soldats. Vous allez monter sur-le-champ à cheval, puis, en sonnant la charge nous nous précipiterons sur l'ennemi, dans l'espoir de l'effrayer par cette brusque attaque. Quant à vous, Du Granec, courez promptement vous mettre à la tête de la jeunesse de Quimper et venez ensuite me rejoindre. Il faut qu'aujourd'hui, à nous deux, nous essayions de sauver la bonne ville où s'est passée notre enfance.

Du Granec, quoiqu'en proie à la plus vive émotion en pensant qu'il allait encore se retrouver en présence de son plus mortel ennemi, ne balança pas un seul instant, il pressa vivement la main de Kerollain et s'empressa d'obéir à son conseil.

Bientôt l'intrépide Kerollain fut en selle à la tête de ses cavaliers. Après avoir commandé à son trompette de sonner la charge, il s'élança au grand galop vers la place Saint-Mathieu, renversant tout ce qui s'opposait à son passage.

CHAPITRE XII.

LA DÉROUTE.

Les Ligueurs, ayant entendu dire qu'il n'y avait pas de cavalerie à Quimper, furent tellement épouvantés, qu'ils commencèrent à se débander; ils étaient persuadés que ces cavaliers n'étaient que l'avant-garde d'un corps plus nombreux.

La Fontenelle lui-même fut ému de cette subite apparition. Aussitôt il se tourna vers les siens, et leur ordonna de charger vigoureusement l'ennemi. Mais que devint-il, quand il vit ses soldats battre en retraite et s'enfuir avec précipitation?

—Où allez-vous ainsi, misérables lâches? leur cria-t-il d'une voix qui n'avait plus rien d'humain et qui se fit entendre à l'autre bout de la place Saint-Mathieu. Comment, aujourd'hui sept hommes vous font peur !

Son aspect alors était si terrible, que pas un des soldats de Kerollain n'osa l'attaquer. Bien que jamais ils ne l'eussent vu, cependant ils le devinèrent et demeurèrent comme pétrifiés devant lui.

Pendant ce temps, Guy-Eder faisait d'inutiles efforts pour rallier les siens ; mais la panique s'était emparée de leurs esprits et ils étaient sourds à toute espèce de commandements.

Kerollain, que la présence du capitaine ligueur n'avait nullement effrayé, sentit la rage lui venir au cœur en apercevant si près de lui le meurtrier de Treffilis et l'ennemi de Du Granec. Aussitôt donc, dans sa fureur, il se disposait à fondre sur lui l'épée à la main, lorsque tout-à-coup, il le vit entraîné bien loin par ses soldats dont il cherchait à empêcher la fuite.

En cet instant, une cinquantaine de jeunes gens, appartenant presque tous aux meilleures familles de Quimper, vinrent se joindre à Kerollain. Ils étaient commandés par Du Granec.

— Allons, mes amis, leur cria celui-ci, pas de quartier! mort aux soldats de l'île Tristan!

A peine avait-il prononcé ces mots, que les jeunes nobles se précipitèrent avec furie sur les Ligueurs glacés d'épouvante. La déroute devint alors générale et presque tous les traînards mordirent la poussière. Cependant l'un des soldats de Guy-Eder osa attendre Kerollain, et au moment où celui-ci avançait, il lui lâcha son coup d'arquebuse à bout portant, mais il ne fit qu'effleurer sa cuirasse. Un des cavaliers de Concarneau étendit ce Ligueur mort à ses pieds.

Il semblait vraiment que, dans ce jour, tout se fût réuni pour faire échouer les mauvais desseins de La Fontenelle, car en ce moment même le capitaine Magence, qui revenait du Faouet avec deux cents soldats, s'arrêtait à Quimper pour faire reposer sa troupe. Pendant qu'il cherchait un gîte pour lui et ses hommes, il entendit le bruit des arquebusades et apprit bientôt ce qui se passait dans la ville. Voulant prêter son appui à Kermoguer, il fit avancer au plus vite sa compagnie, les uns par la rivière, les autres par le pont de Loc-Maria, et vint tomber à l'improviste sur les fuyards, qui étaient du côté de Saint-Sébastien.

Qu'on juge de l'épouvante de ceux-ci à la vue de Magence ! Ils se crurent poursuivis par une armée innombrable.

La Fontenelle, toujours à cheval et entouré de quelques-uns de ses officiers, était presque méconnaissable. Sa colère avait doublé depuis qu'il avait reconnu Du Granec à la tête de la jeunesse Quimpéroise. Une lueur phosphorescente s'échappait de ses yeux flamboyants, prêts à sortir de leur orbite. Ses lèvres pâles et contractées étaient couvertes d'écume. Sa voix ne cessait de se faire entendre au-dessus de toutes les autres clameurs ; mais elle demeurait impuissante et méconnue. Les soldats de la Ligue, frappés de terreur, ne reconnaissaient plus leur capitaine.

Dans cette situation, La Fontenelle, en voyant arriver Magence, désespéra tout-à-fait de pouvoir rallier les siens. Cependant il tenta un dernier effort.

— Mes amis, leur cria-t-il d'une voix tonnante, n'avez-vous donc plus de confiance en votre capitaine ? Auriez-vous oublié que je vous ai promis le pillage de Quimper où tant de richesses vous attendent ? Face à l'ennemi !... Les soldats de Guy-Eder de Beaumanoir doivent savoir mourir, mais jamais fuir !

Ayant prononcé ces paroles, il se précipita sur deux Quimpérois qui le pressaient vivement. L'un tomba sous les coups de sa terrible épée ; l'autre eut la tête cassée de son pistolet.

— En avant, soldats de l'Union ! s'écria-t-il avec exaltation. Suivez votre capitaine, il vous ramènera à la victoire !

Cette harangue chaleureuse et les actes dont il la fit suivre ne produisirent aucun effet sur les Ligueurs qui, déjà, se trouvaient refoulés jusqu'à l'endroit même où De Romar était posté avec sa cavalerie.

Les fuyards, en arrivant près de leurs compagnons, s'écrièrent que tout était perdu et qu'ils étaient poursuivis par une armée entière. On ne peut se figurer quel fut l'étonnement de De Romar, lorsqu'il vit ces hommes en fuite venir semer l'épouvante parmi ses cavaliers, au moment où il croyait La Fontenelle vainqueur et où il s'apprêtait à entrer dans Quimper. Telles étaient la frayeur et la folie de quelques-uns des soldats de l'île Tristan, qu'ils assuraient que Henri IV venait d'arriver à Quimper et que c'était lui qui les avait mis en fuite.

Au milieu de ce désordre et de cette confusion, De Romar aperçut La Fontenelle qui galopait vers lui.

— Tout est perdu, lieutenant, s'écria celui-ci, si vous ne parvenez pas avec moi à rallier ces misérables poltrons !

De Romar ne répondit pas ; sur-le-champ, il se joignit à son capitaine pour essayer de rassurer les fuyards, mais il échoua complètement. Dans cette journée, ceux-ci demeurèrent sourds à la voix et aux commandements des deux hommes qu'ils redoutaient le plus et auxquels ils n'avaient jamais osé désobéir.

C'est que le prestige disparaît, alors que

l'épouvante est entrée dans le cœur du soldat.

Dans cette retraite, La Fontenelle, presque fou de fureur, immola de sa propre main plusieurs de ses gens. Les Ligueurs, en gravissant les collines qui dominent Quimper, arrivèrent à Pratanraz, où La Fontenelle parvint à les conduire en assez bon ordre. Ils eurent environ soixante hommes de tués et une centaine de blessés, qu'ils enlevèrent dans les charrettes destinées par eux à emporter le butin qu'ils comptaient faire sur leurs ennemis. Quant à leurs bateaux qui n'avaient eu le temps que d'arriver à Bénaudet, ils s'en retournèrent vides à l'île Tristan.

Pendant les charges brillantes qui eurent lieu à Saint-Mathieu et du côté de Saint-Sébastien, Kermoguer surveilla avec beaucoup d'attention les traîtres dont nous avons parlé, lesquels se gardèrent bien d'agir, sans avoir la certitude que La Fontenelle eût complètement réussi dans son attaque.

La Fontenelle et De Romar, malgré la rage qui les animait, furent forcés de se maîtriser et de songer au salut de leurs soldats. Ils se décidèrent, à cause de la nuit, à rester à Pratanraz, et prirent toutes les précautions possibles pour se mettre à l'abri des attaques des Royaux; mais les habitants de Quimper, satisfaits de leur victoire, ne songèrent nullement à inquiéter cette horde de brigands. Dieu sait quels affreux malheurs Quimper aurait eu à souffrir, si La Fontenelle eût réussi dans cette seconde expédition!

Le lendemain, à la pointe du jour, les Ligueurs, couverts de honte, s'éloignèrent de Pratanraz et reprirent le chemin de Douarnenez.

CHAPITRE XIII.

PONT-CROIX.

Quelques jours après ces événements, Kerollain, Du Granec et le capitaine Magence quittèrent Quimper emportant avec eux les remercîments de la ville entière.

Depuis son double échec, La Fontenelle était demeuré dans son île, en proie à la colère et au désespoir. Pendant plusieurs semaines il se tint renfermé dans sa chambre, ne voulant voir personne et maudissant la lâcheté de ses soldats.

De Romar conçut un si grand dépit de la déroute de Quimper, qu'il voulut rendre son épée à son capitaine ; mais celui-ci, à force de prières, parvint à le fléchir et à le ramener à lui.

Il y avait environ un mois que La Fontenelle était plongé dans cette espèce de tristesse qui apporte avec elle le dégoût de la vie et des choses de ce monde, lorsqu'un matin, en contemplant la mer, il fut assailli par une foule de pensées qui vinrent le retirer de l'état d'inertie dans lequel il languissait. Il se demandait ce qu'il ferait, si le Roi venait en Bretagne pour punir ceux qui avaient refusé de le reconnaître ; oserait-il bien lui résister avec ses pusillanimes soldats et encourir sa colère au risque de ne pouvoir plus espérer de pardon ? Il prévoyait aussi que Mercœur serait contraint prochainement de faire sa soumission. Après l'abandon de ce puissant allié, il ne lui resterait donc plus qu'à mettre bas les armes et à licencier sa compagnie. Alors, découragé par ces réflexions, il songea à abandonner Douarnenez, à renoncer à sa vie de partisan et à aller vivre tranquillement dans sa terre de La Fontenelle. Mais tout-à-coup ses idées prirent une autre direction en portant ses regards sur ses soldats qui, sous le commandement de La Boulle, se livraient aux exercices militaires en usage à cette époque.

En considérant les traits durs et sauvages de tous ces aventuriers avec lesquels il avait obtenu tant de succès, au cliquetis de leurs armes, il sentit se rallumer en lui son ancienne ardeur guerrière avec tous ses instincts de cruauté. Alors ses projets pacifiques s'évanouirent et il ne pensa plus qu'au pillage et à la vengeance. Soudain, il vint à se rappeler la trahison de Le Clou, et l'image de Du Granec se dressa devant lui.

— Non, pas de soumission au Roi! se dit-il avec fureur; il faut auparavant que je me venge du mortel affront que j'ai essuyé à Quimper, et ce sera sur Pont-Croix, où dernièrement encore six de mes gens ont été condamnés à mort et exécutés par l'ordre de La Villerouaut, chef de la milice de cette ville!

En effet, quelques jours auparavant, plusieurs Ligueurs rôdant dans ces environs s'étaient laissés surprendre et avaient été faits prisonniers avec La Boulle, qui les commandait. Celui-ci et deux des siens, grâce à la vitesse de leurs chevaux, étaient parvenus à s'échapper et à regagner Douarnenez.

La Villerouaut qui, depuis longtemps, avait à se plaindre de La Fontenelle, fit sur-le-champ mettre à mort les six prisonniers qui lui furent amenés.

A ce souvenir, l'œil en feu et la respiration haletante, Guy-Eder s'élança hors de sa chambre et donna ordre de faire monter son lieutenant La Boulle.

— La Boulle, lui dit-il, quand celui-ci fut en sa présence, je veux aujourd'hui même que les habitants de Pont-Croix sachent ce qu'il en coûte de livrer mes soldats au bourreau, et que cette ville, avec toutes les richesses dont elle est remplie, m'appartienne comme Penmarc'h. J'ai résolu de la livrer au pillage, si toutefois je puis encore me fier au courage de ceux qui marchent sous ma bannière !

— Je réponds d'eux, dit La Boulle

avec une joie féroce, et malgré la pusillanimité qu'ils ont montrée à Quimper, je suis certain que, cette fois, ils feront leur devoir et qu'ils sauront venger d'une manière éclatante la mort de leurs compagons. Quant à moi, capitaine, jamais nouvelle ne m'a été aussi agréable que celle que vous m'annoncez.

En achevant ces mots, La Boulle se retira et se mit sur-le-champ à s'occuper des préparatifs nécessaires pour cette expédition.

— Ah ! monsieur de Saint-Luc, murmurait La Fontenelle quelques instants après, en montant à cheval, pourquoi donc m'avez-vous relâché ? C'est à Pont-Croix à me rembourser la rançon que je vous ai payée !

Et soudain un sourire d'orgueil vint effleurer ses lèvres pâles et frémissantes.

Lorsque sa troupe fut prête à se mettre en marche, il s'élança sur la route de Pont-Croix, laissant le commandement de son fort à De Romar.

La journée paraissait devoir être magnifique. Une brise légère qui venait de se lever, ridait la surface des eaux bleuâtres de la baie de Douarnenez, et déjà une lueur rose commençait à poindre du côté de l'orient.

Malgré les précautions prises par La Fontenelle, cependant ses projets furent découverts, et les paysans des environs, saisis d'effroi, sonnèrent le tocsin pour répandre l'alarme. La plupart d'entre eux se réfugièrent dans Pont-Croix qui n'était fermé par aucune muraille et se trouvait dépourvu de toute espèce de fortifications. C'est pourquoi, aussitôt leur arrivée, ils se mirent à élever des barricades et essayèrent de se retrancher le mieux possible. Si malheureusement ils se voyaient forcés dans leurs retranchements, leur dernier espoir était de se jeter dans l'église paroissiale de Notre-Dame de Roscudon, et de s'y défendre en désespérés.

Il était près de midi quand les Ligueurs arrivèrent en vue de Pont-Croix. La chaleur était alors très-forte et le soleil brillait avec éclat sur les toits phosphorescents des maisons. Quelques petits nuages blancs, chassés par la brise, couraient çà et là dans le ciel.

— Tenez, s'écria La Fontenelle en montrant à ses soldats la ville dont il n'était plus qu'à une petite distance ; voyez-vous ce plateau pittoresque et plus loin sur ce monticule, ces maisons qui descendent jusqu'à la mer ? Eh bien ! c'est Pont-Croix. Une fois encore dans votre vie, souvenez-vous de Penmarc'h et de Plogastel ! Faites en sorte que j'oublie aujourd'hui vos défaites de Quimper ! Le tocsin, dont les sons lugubres arrivent jusqu'à vous, est une preuve de l'effroi que cause votre présence dans ces campagnes. Songez enfin que vous avez à venger ici vos compagnons condamnés à mort par La Villerouaut !

A peine ces mots furent-ils prononcés, que les Ligueurs, exaltés et brûlant de se relever dans l'esprit de leur capitaine, se mirent en marche et ne tardèrent pas à se rendre maîtres des premières barricades élevées par les paysans et les bourgeois.

— Aux armes ! aux armes ! s'écriaient ces malheureux pleins d'épouvante ; vite aux fortifications ! voici La Fontenelle !

— A l'église de Roscudon ! criaient quelques autres, en prenant la direction de cette paroisse.

Presque tous ceux qui voulurent résister, reçurent la mort dans cette première attaque. Quelques-uns, qui purent se sauver à travers champs, coururent se cacher dans les bois les plus épais qu'ils trouvèrent.

CHAPITRE XIV.

—

NOTRE-DAME DE ROSCUDON.

———

Pendant ce temps, La Fontenelle donnait l'ordre d'assaillir les derniers retranchements. Les assiégés se défendirent avec courage et ne se retirèrent qu'après avoir fait mordre la poussière à un grand nombre d'assaillants.

Irrités de cette résistance, les Ligueurs se répandirent dans les rues, massacrant tous ceux qu'ils y rencontraient. Partout ce n'étaient que scènes de confusion et d'horreur.

Au bruit des arquebusades et aux hennissements des chevaux, venaient se mêler les lamentations des femmes et les cris des enfants, qui s'efforçaient de défendre leurs mères des coups des féroces soldats.

La Villerouaut, jeune capitaine plein de bravoure et de loyauté, était, comme nous l'avons dit, chef de la milice de Pont-Croix. Après la prise de la ville, il s'était réfugié avec sa femme, avec le recteur de Pouldreuzic et quelques habitants, dans l'église de Roscudon, ancienne collégiale aussi remarquable par son gracieux clocher à jour que par l'ornementation de son architecture élégante (1). Ce fut en vain qu'il essaya de se défendre avec les paysans qui étaient venus se joindre à lui. Le lieu saint, investi de toutes parts, n'était pas assez bien retranché pour résister longtemps. Après une courte résistance, La Villerouaut fut donc forcé de se réfugier dans la tour de l'église. Tous ceux qui l'accompagnaient étaient décidés à vendre chèrement leur

---

(1) Cette église, que l'on peut encore admirer de nos jours à Pont-Croix, est un édifice du 15e siècle.

vie et à se défendre jusqu'à la dernière extrémité.

— Au nom du ciel! faites silence et cessez vos cris, disait le recteur de Pouldreuzic, nommé Jean Le Cosquer, aux femmes qui les avaient suivis dans le clocher et qui les étourdissaient de leurs lamentations. Priez plutôt le Seigneur, et que votre voix s'élève vers celui qui seul peut nous sauver de la situation périlleuse où nous sommes!

La parole du prêtre, en ce moment, eut quelque chose de si touchant et de si solennel, qu'aussitôt le silence régna dans le clocher. Ainsi rappelées à leurs sentiments religieux, les femmes se mirent à prier avec recueillement pour les défenseurs de Pont-Croix.

Pendant ce temps, les assiégés couraient aux postes que leur avait assignés La Villerouaut.

Les Ligueurs, qui étaient devant l'église, montraient une activité égale et se préparaient à commencer l'attaque.

Tout-à-coup, du haut de la tour, commencèrent à tomber une pluie de pierres et une grêle de projectiles sur les soldats de La Fontenelle. Celui-ci, rugissant de fureur à la vue des siens écrasés à ses côtés, ressemblait au tigre dévorant des yeux la proie qu'il ne peut atteindre. On voyait sa bouche s'entr'ouvrir, ses dents blanches grincer de colère, et l'on entendait son commandement retentir par-dessus tout. Il était bien résolu, ce jour-là, à n'avoir de pitié pour personne, et rien n'était capable d'arrêter les élans de sa férocité.

— Allons ! dit-il impétueusement à sa troupe, qu'à l'instant même la porte de cette église soit brisée et que cette tour soit emportée d'assaut !

Aussitôt cet ordre, les haches commencèrent à entamer le portail qui, malgré sa solidité, ne tarda pas à voler en éclats et à livrer passage aux Ligueurs.

— Bien, s'écria La Fontenelle, maintenant, La Boulle, faites avancer vos soldats, et que l'escalier du clocher soit escaladé au plus vite ! Il me tarde de voir La Villerouaut en mon pouvoir.... Il faut qu'il soit responsable du sang versé dans cette journée, aussi bien que de celui qu'il a fait couler sur l'échafaud !

Soudain, à la voix de leur capitaine, les soldats s'élancèrent et essayèrent de franchir les degrés à pic qui menaient à la première galerie de la tour, mais ils ne pouvaient y monter qu'un à un, et deux ou trois des assiégés placés au haut de l'escalier suffisaient pour défendre l'accès de cet étroit passage. Ce fut donc vainement que La Boulle tenta d'envoyer d'autres assaillants, car, à peine avaient-ils gravi quelques marches, qu'aussitôt refoulés avec force, ils venaient tomber palpitants à ses pieds, écrasés par les pierres énormes que faisaient rouler sur eux les soldats de La Villerouaut.

En voyant ainsi ses gens mutilés expirer sous ses yeux et en considérant les flots de sang qui diapraient les dalles de l'église, Guy-Eder renonça à la dangereuse escalade qui lui avait d'abord paru si facile.

— Arrêtez, mes amis, s'écria-t-il, et qu'aucun de vous ne cherche plus à monter dans cette maudite tour ! Assez de morts comme cela ! Il faut maintenant que Pont-Croix boive le sang de ses enfants, et non le nôtre, qui n'a que trop coulé déjà sur cette pierre !

En parlant ainsi, il fit dresser au bas des degrés du clocher quelques fagots de landes et de genêts verts auxquels il mit lui-même le feu, espérant, par ce moyen, suffoquer les assiégés et les amener à une prompte capitulation.

Malgré ce nouveau genre d'attaque tout-à-fait imprévu, La Villerouaut et les siens, du haut de la tour, continuèrent à faire jouer leur mousqueterie sur les Ligueurs qui étaient postés dans le cimetière. Mais les courageux assiégés, à demi asphyxiés par les nuages de fumée qui ne cessaient de monter vers eux, étaient en proie à une grande souffrance. Ils ne résistaient que parce que, grâce aux ouvertures pratiquées dans le clocher à jour de Roscudon, le courant d'air se trouvait sans cesse renouvelé. D'un autre côté, encouragés par le brave La Villerouaut et par les pieuses exhortations du recteur de Pouldreuzic, ils tenaient bon, sans songer nullement à capituler.

CHAPITRE XV.

LE PARJURE.

La Fontenelle, qui n'avait point d'artillerie et qui cependant voulait en finir, résolut d'avoir recours à la ruse. Pour cela, il appela encore à son aide l'exécrable perfidie dont il s'était déjà servi tant de fois en pareilles circonstances. Il demanda sur-le-champ à parlementer, comme il l'avait fait à Penmarc'h.

Les assiégés, qui étaient au bout de leur courage, y consentirent. Alors étant sorti de l'église, il s'établit en face du grand portail, et là, tranquille en apparence, il attendit que le lieutenant de La Villerouaut fût descendu du clocher. Quand cet officier fut en sa présence, il lui parla en ces termes :

— Dites à monsieur La Villerouaut qu'il n'aura pas à se repentir de se rendre à moi ; que, s'il veut à l'instant même faire mettre bas les armes à ses gens, je m'engage à le laisser sortir, lui et les siens, vie et bagues sauves, et à lui accorder une honorable composition.

La Villerouaut qui tremblait pour sa femme, la dame De Kerbullic, qu'il avait épousée tout nouvellement et dont il était éperdûment amoureux, avait donné plein pouvoir à son second pour qu'il traitât de suite avec Guy-Eder, si ses conditions étaient acceptables.

— Monsieur de La Fontenelle, répondit le lieutenant tout joyeux des paroles qu'il venait d'entendre, apprenez que je suis chargé par mon capitaine de traiter avec vous en son nom. Il vous demande seulement votre promesse formelle ; aussitôt la tour sera entièrement évacuée.

La Fontenelle ayant confirmé par un

serment solennel cette capitulation, le lieutenant retourna vers les siens pour les avertir de ce qui venait d'être réglé entre les deux partis. Quelques minutes après ce pourparler, on vit La Villerouaut et tous ceux qui étaient dans la tour venir saluer et remercier Guy-Eder.

Celui-ci profita de ce moment pour faire monter dans la tour ses soldats, qui s'emparèrent de tous les objets précieux que les habitants de Pont-Croix et les paysans y avaient cachés. En voyant La Villerouaut s'avancer vers lui, La Fontenelle eut à l'instant même une de ces horribles pensées qui viennent ordinairement assaillir le cœur des scélérats incapables de pardon ou de clémence.

— Il faut que cet homme meure, se dit-il avec une joie cruelle, et sa mort, en épouvantant mes ennemis, me dédommagera de mes deux échecs de Quimper. Si ma vengeance n'a pu atteindre Le Clou et Du Granec, je frapperai au moins le capitaine de Pont-Croix !

Et aussitôt, se tournant vers le féroce La Boulle qui était près de lui,

— La Boulle, lui demanda-t-il, dois-je faire grâce à La Villerouaut ?

— A-t-il fait grâce à nos soldats, lui, capitaine ? répliqua le lieutenant avec un sourire impitoyable. Pensez-vous qu'il eût épargné votre vie et la mienne, s'il nous eût tenus captifs ? Vous-même, Monseigneur, quand vous étiez prisonnier à Quimper, vous aurait-on rendu à la liberté, sans la rançon que vous avez payée à monsieur de Saint-Luc ? Oh ! non, rappelez-vous l'acharnement des bourgeois qui demandaient votre mort à grands cris !

La Fontenelle ne répliqua pas ; il se contenta de jeter sur La Villerouaut un de ces regards terribles et indéfinissables dont peu d'hommes supportaient l'expression.

Le brave capitaine de la milice le soutint cependant, sans qu'aucun trouble se manifestât sur son visage.

— Avant de me retirer, monsieur de La Fontenelle, dit-il avec beaucoup de calme, permettez-moi de vous exprimer mes remercîments pour la capitulation que vous avez bien voulu m'accorder.

La Villerouaut, en tenant ce langage, ne

se doutait point qu'en ce moment même la tour qu'il venait de quitter, était livrée au pillage et que son vainqueur violait la foi des traités.

— Gardez vos remercîments, répondit La Fontenelle, d'un air sinistre, je n'en ai aucunement besoin.

— Que voulez-vous dire ? demanda La Villerouaut pâlissant d'émotion en remarquant l'air sombre de son ennemi.

— Que vous n'avez plus que quelques minutes à vivre !... s'écria impitoyablement La Fontenelle, et qu'à l'instant même il faut vous préparer à la mort !

— A la mort !... répéta La Villerouaut, d'un air d'incrédulité !

— Oui, Monsieur, car vous l'avez méritée pour avoir osé me résister aujourd'hui ; pour avoir tout dernièrement encore envoyé au supplice plusieurs de mes soldats ; enfin, pour avoir embrassé le parti de ce roi perfide, qu'on nomme le Béarnais.

— Et votre serment ? objecta froidement La Villerouaut.

— Je ne l'ai fait que pour arracher mes gens aux coups mortels que, du haut de cette tour, vous dirigiez si adroitement sur eux.

— Mais alors, vous n'êtes qu'un parjure... un misérable sans foi et sans parole?

— Oui, contre vous et contre les ennemis de la Ligue, je serai toujours sans pitié, et mon bras vengeur ne se lassera jamais de frapper.

— Comment osez-vous bien invoquer la Ligue, vous qui n'appartenez à aucun parti, et qui, depuis le commencement de la guerre, ne servez que vos propres intérêts?

La Villerouaut allait continuer de donner un libre cours à son indignation, mais La Fontenelle ne lui en donna pas le temps.

— Allons! commanda-t-il à ses soldats, qu'on dresse sur-le-champ deux potences! qu'à l'une d'elles soit pendu La Villerouaut, et à l'autre, ce prêtre indigne qui n'a pas craint de quitter sa paroisse pour venir ici me braver en se mêlant à mes ennemis! Allons! monsieur le recteur, ajouta-t-il avec moquerie, confessez La Villerouaut, puis préparez-vous vous-même à rendre votre âme à Dieu!

Le digne Jean Le Cosquer ne daigna pas

répondre ; seulement, il se contenta de jeter sur La Fontenelle un regard empreint du plus profond mépris.

On ne peut se figurer à quelles terribles angoisses était en proie l'infortuné capitaine de Pont-Croix. Il avait compris que sa dernière heure était arrivée et que rien ne pouvait le sauver de la mort. Mais ce qui l'épouvantait le plus, c'était de songer qu'en quittant la terre, il laissait après lui une femme chérie qu'il idôlatrait, et qu'il l'abandonnait, au milieu d'un monde misérable et corrompu, sans aucun appui et au pouvoir d'un scélérat tel que La Fontenelle. Oh ! quand ces pensées effrayantes traversèrent son esprit, que n'eût-il pas donné pour n'avoir pas épousé cet ange qu'il entraînait dans l'abîme ? En présence de l'affreuse réalité, La Villerouaut se sentait mourir avant le supplice qui lui était destiné ; mais c'était de rage de son impuissance.

Tout-à-coup, au milieu de ces cruelles appréhensions, il sentit un horrible frisson lui parcourir tout le corps. Aussitôt il passa la main sur son front couvert d'une sueur froide et mortelle, comme pour chasser les effroyables visions qui se dressaient devant lui. Lorsqu'il la laissa retomber, il aperçut les cruels soldats de l'île Tristan occupés à lier, contre un des piliers d'une maison de la place, sa malheureuse femme qui paraissait morte d'épouvante. A cette vue, ce brave gentilhomme, au cœur fier et loyal, sentit sa tête se perdre et il se crut fou. D'un bond il s'élança pour dégager sa compagne des étreintes impures des soldats ; mais hélas ! malgré les efforts inouïs qu'il fit pour échapper à ses bourreaux, il fut saisi et garroté étroitement.

— Misérable ! dit-il à La Fontenelle d'une voix tonnante qui retentit jusqu'à l'autre extrémité du cimetière : tu ne crois pas en Dieu, toi qui ne respectes ni les prêtres, ni les femmes, ni tes serments les plus sacrés !

— Je l'ai dit, répondit froidement La Fontenelle ; le prêtre et vous, vous mourrez tous deux ! quant à la femme, elle vivra, mais elle sera déshonorée !

En entendant ces terribles paroles, la tête de La Villerouaut se perdit tout-à-fait. Il ferma les yeux ne pouvant supporter cet affreux spectacle. Après cette scène barbare, La Villerouaut, toujours évanoui, fut saisi et enlevé en l'air; et au moment où, reprenant ses sens, il sentait le froid de la corde lui effleurer le cou, il entrevit en face de lui une autre potence dressée, et une échelle à laquelle montait Jean Le Cosquer qui, avant de mourir, lui adressait ces paroles :

— La place des martyrs est au ciel, monsieur de La Villerouaut !

Il n'entendit plus rien, car lui-même aussi venait d'être lancé dans l'éternité. Les autres nobles, quelques riches marchands et le lieutenant de La Villerouaut furent ensuite pendus aux arbres dont était planté le cimetière.

En ce moment des cris de détresse se firent entendre dans presque tous les quartiers de la ville.

— Tuez! tuez! pas de pitié! à sac! criaient les Ligueurs en se ruant sur les maisons qui n'avaient pas encore été pillées.

Puis l'on entendait les cris lamentables et les supplications des malheureux habitants qui cherchaient inutilement à implorer leurs cruels ennemis. Dans cette sanglante journée, presque toute la population de

Pont-Croix succomba frappée ou par les arquebusades ou par le fer des Ligueurs. Le féroce La Boulle, le sourire sur les lèvres, ne cessait d'exciter les siens au carnage. Il présidait à ce massacre avec la tranquillité froide et impassible du bourreau.

Cependant Guy-Eder qui se promenait devant l'église, jetant les yeux sur ces scènes d'horreur, ordonna enfin à ses soldats de cesser cette effroyable boucherie. Lorsqu'il eut rassemblé son butin et que toutes les maisons furent saccagées, il prit avec sa troupe la route de Douarnenez, emmenant à sa suite une foule de prisonniers.

Arrivés à l'île Tristan, tous ceux qui ne purent payer une forte rançon terminèrent leur existence dans les tourments et les supplices, ou périrent entassés dans des cachots infects. Plusieurs finirent leur vie sur des trépieds ardents; d'autres expirèrent dans des tonneaux remplis de glace.

Le lendemain du sac de Pont-Croix, quelques-uns des habitants qui avaient pu se soustraire à la mort, rentrèrent dans la ville. Ils trouvèrent les habitations entièrement vides et les rues remplies des cadavres de leurs parents et de leurs amis. En arrivant près de l'église, ils reculèrent d'effroi en apercevant les corps de plusieurs pendus, qui se balançaient aux ifs du cimetière. Après avoir reconnu La Villerouaut, le recteur, ainsi que beaucoup d'autres, ils s'empressèrent sur-le-champ de leur rendre les honneurs de la sépulture. Au pied de la potence où avait été accroché le brave chef de la milice, ils virent une femme agenouillée qui pleurait et récitait des prières sans suite. Elle ressemblait plutôt à un spectre qu'à une créature humaine.

C'était madame de La Villerouaut. La malheureuse était folle !

CHAPITRE XVI.

QUILLIEC A DOUARNENEZ.

Pendant que ces misères et ces crimes désolaient la Cornouaille, Henri IV assiégeait Amiens, occupé par les Espagnols.

Alors Mercœur, persuadé que le Béarnais échouerait devant cette ville, répandit la nouvelle que le roi était atteint d'une maladie incurable, causée par le chagrin. Le duc voulait déconcerter les Royaux qui se trouvaient en Bretagne, et ramener à lui ceux qui avaient déserté sa cause à peu près ruinée. Mais le roi, dans une lettre qu'il adressa aux principaux seigneurs bretons, démontra facilement l'absurdité de ces bruits mensongers. Mercœur, furieux, ne garda plus aucune mesure et fit voir par tous ses actes, que c'était bien à la souveraineté de la Bretagne qu'il aspirait.

Profitant donc de la faiblesse du maréchal de Brissac qui n'avait sous ses ordres que quinze cents soldats, il envoya ses lieutenants ravager tout le pays; mais ces officiers ne s'en tinrent pas là, ils se jetèrent sur l'Anjou et la Touraine qu'ils dévastèrent. Cependant Mercœur, malgré tous ses efforts, ne prit aucune place forte dans cette campagne; au contraire même, il ne fit qu'affaiblir ses forces dans ces diverses attaques.

Sur ces entrefaites, Henri IV voulant en finir avec La Fontenelle, écrivit à Sourdéac que le moment de reprendre sa revanche était venu, et qu'il lui donnait l'ordre d'aller au plus tôt mettre le siége devant Douarnenez.

Sourdéac, désireux de se venger de l'affront qu'il avait reçu, appela à lui de Molac avec les garnisons de plusieurs villes de Bretagne.

Quelques jours avant l'arrivée des Royaux devant le fort, un homme y débarquait et se faisait conduire dans la chambre où La Fontenelle était en conférence avec De Romar. Il y avait déjà quelques minutes que l'étranger avait été introduit en leur présence, et cependant les deux chefs ligueurs y avaient à peine pris garde, tant leur préoccupation était grande. En ce moment ils s'entretenaient tous deux de l'expédition de Sourdéac.

Cependant La Fontenelle venant à attacher ses regards sur le nouveau venu, s'écria d'une voix forte et sévère :

— Qu'est-ce donc? et que voulez-vous ici?

Celui à qui ces questions étaient faites, s'avançant alors plus près :

— Comment se fait-il, seigneur capitaine, dit-il, que vous m'ayez si vite oublié?

— Tiens, mais c'est Quilliec, s'écria De Romar.

— Oui, moi-même.... l'ancien soldat de Guy-Eder, mon maître.

En entendant ces mots, celui-ci jetant

les yeux sur les traits farouches de Quilliec, reconnut parfaitement bien son ancien compagnon d'armes.

— Que t'est-il donc arrivé, Quilliec? demanda-t-il, et comment as-tu pu ainsi abandonner ta taverne pour venir visiter tes amis? Je te l'avoue, je ne m'attendais pas à te voir sitôt des nôtres, car tu avais déclaré à De Romar que tu ne reviendrais vers nous que lorsque ta fortune aurait été faite.

— Oui, capitaine, tel était mon projet; mais monsieur Sourdéac en a disposé autrement.

— Comment donc, dit La Fontenelle, le sournois se mêle-t-il de tout à présent? puisqu'au lieu de s'occuper de son château et de ses siéges, il ne craint pas de descendre aux affaires d'un pauvre tavernier, bien innocent, qui ne lui a jamais fait de mal.

— Innocent, tant que vous voudrez, repartit Quilliec en faisant la grimace ; mais, malheureusement, j'avais beaucoup d'envieux à Brest, et la grande réputation de ma taverne, la mieux achalandée de la ville, a été cause des dénonciations qui ont été faites contre votre serviteur.

—Quoi! vraiment, tu aurais été dénoncé? dit De Romar. Quels sont donc ces dénonciateurs?

— Des soldats de la garnison qui me devaient de l'argent et auxquels j'ai eu la hardiesse de le réclamer. Il est vrai qu'en même temps, je les menaçais de porter plainte contre eux s'ils tardaient encore à s'acquitter. Furieux de ma réclamation, et sachant qu'autrefois j'avais servi monseigneur La Fontenelle, ils sont allés trouver le gouverneur avec quelques pêcheurs de Douarnenez qu'ils ont eu soin d'acheter. Ils lui ont alors déclaré qu'ils étaient certains que j'entretenais journellement des intelligences avec l'île Tristan, et que, déjà sans doute, vous deviez avoir été informés de la nouvelle expédition qui se préparait. Bien heureusement, j'ai été averti assez à temps de ce qui se tramait, par un poissonnier en partance pour Douarnenez. Aussitôt, peu confiant dans la clémence de Sourdéac, j'ai mis sur le bateau de ce pêcheur tout ce que j'avais de plus précieux et suis parti de Brest au milieu de la nuit. Mais hélas! je laisse après moi ce que j'aimais le plus au monde : ma chère taverne et mes bonnes pratiques !

En prononçant ces dernières paroles, Quilliec poussa un long soupir et parut livré à un profond chagrin.

— Allons, mon cher Quilliec, s'écria La Fontenelle, il faut chasser cette tristesse qui n'est bonne à rien et reprendre ton ancien cœur de soldat. Il est nécessaire maintenant que tu changes d'allure. Si tu as perdu à Brest l'occasion de faire fortune, sois sûr que tu la retrouveras à l'île Tristan. Ne te souviens-tu plus des courses que nous fîmes ensemble autrefois et de la large part que tu avais au butin ? Eh bien ! toutes ces affaires auxquelles tu as assisté, ne sont rien en comparaison de celles que je médite, si toutefois Mercœur tient encore quelques années le parti de la Ligue. Je te le répète, tu n'a point perdu en quittant ta taverne, car le métier de soldat, que tu vas faire avec moi, est bien autrement lucratif que celui d'hôtelier. Courage donc ! pour commencer, dans peu de jours, tu vas pouvoir te venger de Sourdéac. Bien certainement, si tu n'avais pas pris le sage parti de t'enfuir, à l'heure qu'il est, ton corps se balancerait au bout d'une corde et ton supplice eût servi d'amusement à tes bonnes pratiques de Brest, que tu regrettes tant !

— Je le crois comme vous, seigneur Eder, et si j'avais tardé à décamper, j'étais arrêté, jugé et mis à mort ! Du reste, ce n'est pas la première fois que mes menées ont été découvertes et dénoncées au gouverneur. C'est surtout depuis le jour où monsieur De Romar est descendu chez moi, que j'ai été surveillé de près. J'ai su bientôt que les maudits pêcheurs qui accompagnaient le lieutenant dans son voyage, avaient affirmé que vous-même, capitaine, vous vous rendiez souvent à Brest et que toujours vous veniez loger dans mon hôtellerie.

— Comment, ces misérables, qui nous semblaient si dévoués, s'écria De Romar, n'ont pas craint de proférer de tels mensonges et de trahir lâchement notre cause ?

— Ils l'ont fait, lieutenant, mais ils ont été punis. Depuis cette dénonciation, deux sont morts du mal jaune, et le troisième, je ne l'ai jamais revu.

— Maintenant, on ne peut plus se fier à personne, dit La Fontenelle ; on ne rencontre partout que des traîtres ! Encore, si on parvenait à les découvrir, il y aurait plaisir à les punir et à les torturer ; mais ceux qui nous trahissent sont des hypocrites si habiles, que nous les confondons avec nos meilleurs amis. Oui, De Romar, ajouta-t-il avec violence, sans les fourbes que nous nourrissons, Quimper serait à nous et jamais ses habitants n'eussent été avertis de nos projets.

Le nom de Quimper sonnait mal aux oreilles du lieutenant ; il ne répondit rien et se contenta de concentrer sa colère en lui-même.

— Mais, malgré les traîtres qui sont parmi nous, poursuivit Guy-Eder, je prétends encore chasser loin de ces rivages Sourdéac et les orgueilleux capitaines qui l'accompagnent. J'en ai la conviction, les Royaux, fussent-ils vingt mille, ne parviendront point à me déloger d'ici ! Qu'ils prolongent leur blocus tant qu'ils le voudront ! Ils ne me trouveront plus en défaut... j'ai pris mes précautions, et il y a longtemps que j'ai songé à munir l'île Tristan de provisions de guerre et de bouche.

— Depuis que je vous ai averti de leurs projets, dit Quilliec, ils ne peuvent tarder à être en mesure de se présenter devant Douarnenez. Qu'ils viennent donc ! capitaine, ajouta-t-il d'un air féroce, je leur tiens rancune, et vous pouvez compter sur moi !

— C'est bien ! mon brave Quilliec, s'écria joyeusement La Fontenelle en lui tendant la main.

L'hôtelier la saisit avec force et la pressa quelque temps avec une sorte d'orgueil, puis, après s'être incliné, il alla se mêler aux soldats de la garnison dont il faisait désormais partie.

Trois jours après, on aperçut les Royaux s'avançant avec leur artillerie sur les hauteurs de Douarnenez.

Au bout d'un mois, Sourdéac fut encore contraint de lever le siége de l'île Tristan. Toutes ses attaques furent infructueuses. Le village de Tréboul fut entièrement brûlé par Guy-Eder, et, dans cet incendie, le capitaine Magence qui était venu avec sa compagnie au secours des alliés, tomba sous les coups du terrible Quilliec.

A cette occasion, la ville de Quimper ne fut pas ingrate et se ressouvint de l'éminent service que lui avait rendu Magence. Quoiqu'il fût étranger au clergé, elle le fit inhumer dans l'intérieur de sa cathédrale.

Peu de jours après, l'armée royale, commandée par de Molac, en vint aux mains avec un corps de Ligueurs qui venait secourir La Fontenelle. Ce combat eut lieu en face du superbe château de Kimerc'h, près Bannalec. La victoire fut indécise et ne demeura à aucun des deux partis.

A l'époque où ces événements se passaient en Bretagne, Henri IV s'emparait d'Amiens. Là, il eut la douleur de perdre monsieur de Saint-Luc, qui fut tué au moment où il regardait entre deux gabions. La prise d'Amiens déconcerta particulièrement Mercœur qui espérait beaucoup voir le roi échouer devant cette ville.

Pendant ce temps, la flotte que les Espagnols avaient envoyée sur les côtes de Bretagne, fut entièrement détruite par une tempête. Au moment même où Sourdéac arrivait au Conquet pour s'opposer à leur descente, leurs caravelles se brisaient sur les rochers de la plage. Ce désastre fit enfin ouvrir les yeux à Mercœur, et il songea qu'il fallait faire sa soumission. Il essaya d'abord un rapprochement, et fit proposer le mariage de sa fille avec César, fils naturel du Béarnais. Le roi ne pouvant, cette année, venir en Bretagne, refusa cette proposition ; mais il offrit au duc une trève que celui-ci s'empressa d'accepter.

CHAPITRE XVII.

MERCŒUR ET LA FONTENELLE.

On était dans les premiers jours de l'année 1598.

La paix régnait enfin en Bretagne; mais la peste qui avait éclaté l'année précédente était alors dans toute sa force. Dans son début, elle n'avait guère attaqué que les classes pauvres; plus tard, elle étendit ses ravages sans exception, et décima une partie de la riche bourgeoisie et de la noblesse. Quant à la famine, elle ne se faisait plus sentir que dans certains endroits de la Cornouaille, ravagés par les hommes de guerre.

Mercœur, bien que découragé par les victoires du Roi, était encore à Nantes où il continuait de régner en maître. Cependant il ne se faisait plus illusion ; il comprenait parfaitement qu'il n'avait que bien peu de temps à demeurer dans son gouvernement de Bretagne, où le Béarnais ne tarderait pas à se montrer à la tête de forces imposantes. Malgré ses pertes successives, le Duc possédait encore Dinan et y faisait exercer la justice par quelques-uns des déserteurs du présidial de Rennes, qui s'étaient réfugiés dans cette ville. Dinan ne demeura pas longtemps en sa possession. Ayant été attaquée par les Royaux, cette place leur ouvrit ses portes, parce qu'elle était fatiguée de la domination de Mercœur, et qu'elle se trouvait dans l'impossibilité de payer les impôts qu'à chaque instant ce prince exigeait d'elle. Le baron de Molac qui, dans cette attaque, avait puissamment secondé la cause royale, fut nommé gouverneur de Dinan.

Bientôt Mercœur, voyant toutes ses meilleures places enlevées par l'ennemi, sans qu'il conservât l'espoir de les reprendre, partit secrètement de Nantes avec une petite escorte, se dirigeant sur Quimperlé, où s'étaient réunis les débris de la Ligue. A peine fut-il arrivé dans cette ville, qu'il écrivit à La Fontenelle, pour l'informer de sa venue dans la Cornouaille et l'engager à venir conférer avec lui sur les intérêts de la Sainte-Union.

La Fontenelle, en songeant à l'arrivée prochaine du Roi, n'entrevoyait guère de pardon possible pour lui. Ce peu de confiance en la clémence royale, faisait qu'il s'applaudissait d'avoir repoussé les propositions de son frère ainsi que le pourparler de Lavardin.

Il avait juré d'être le dernier Ligueur à mettre bas les armes en Bretagne.

Et maintenant, avec une âme aussi ardente et aussi féroce que la sienne, il souffrait de l'oisiveté dans laquelle il vivait depuis le départ de Sourdéac, car il ne trouvait plus d'ennemis à combattre. Lorsqu'à la tête de ses soldats, il se présentait devant quelques châteaux ou quelques villages pour les piller, il n'y rencontrait plus d'habitants. Ainsi donc, dans presque toutes ses sorties, c'était inutilement que son œil avide cherchait encore quelque proie à saisir ; partout il ne découvrait que des ruines, sous les débris desquelles il ne restait plus que les cadavres des malheureux qu'il avait égorgés!

Bien souvent aussi un triste et cruel souvenir traversait son esprit ; il se rappelait ses échecs devant Quimper. Alors son visage s'empourprait de sang et l'on voyait s'allumer dans ses yeux une terrible flamme, car il se sentait à la fois frémir de honte et de rage. Dans ces moments, une seule chose était capable de le calmer, c'est quand il se berçait de l'espoir de reprendre sa revanche sur cette ville, en l'emportant d'assaut ou en venant mourir au pied de ses murailles. Que lui faisait la mort, lorsqu'avec l'extinction de la Ligue, il entrevoyait le terme de sa puissance et l'anéantissement de ses idées ambitieuses ?

Une autre fois, il sentait un frisson lui glacer les veines, lorsqu'il réfléchissait à la mort ignominieuse qui lui était réservée, s'il était pris les armes à la main. Alors, en proie à une effrayante hallucination, il lui semblait voir surgir tout-à-coup devant lui l'ignoble roue, où chaque jour viennent se tordre dans d'atroces souffrances les plus vulgaires scélérats ; puis sa pensée se reportait sur sa famille, sur ses aïeux si nobles et si purs, et sur son frère, le loyal gentilhomme. On le voyait ensuite errer triste et soucieux sur les rives sauvages de l'île Tristan, regardant à l'horizon s'il ne verrait point paraître quelques navires anglais sur lesquels il pourrait courir, ou bien s'il n'apercevrait pas venir quelque nouvelle flotte de Sourdéac. Lorsqu'il croyait ne pas s'être trompé dans ses rêves, il souriait ; il se sentait heureux, car il allait enfin voir finir ce repos et cette inaction qui le tuaient. Il allait donc encore se battre, entendre le bruit des canons, des arquebusades et voir couler le sang !

Mais son exaltation disparaissait bientôt, quand ces vaisseaux, en s'avançant dans la baie, ne montraient à ses yeux attristés que les voiles blanches de simples bateaux de pêcheurs. Cette illusion, une fois dissipée, le désespoir le reprenait, et, comme un véritable insensé, il prenait sa course et s'élançait sur les rochers, en murmurant les noms de Beaumanoir, de Mézarnou et de Quimper. Après ces moments de fièvre et de délire, il rentrait dans son fort, le front chargé de nuages ; et là, il montait dans sa chambre où quelquefois il restait renfermé des heures entières. Enfin, chaque jour, La Fontenelle se sentait succomber sous le poids de l'ennui.

— Que me veut le Duc ? se dit-il plein d'agitation après avoir pris connaissance de la lettre de Mercœur. Voudrait-il se liguer avec moi pour essayer de résister au Béarnais, quand il viendra soumettre ce pays ? Oh ! si c'est là son projet, je suis prêt à me joindre à lui... Qu'il vienne donc avec toutes ses forces chercher un asile dans cette île, et il verra comment un Beaumanoir sait se défendre et comment il sait mourir !

Un moment il craignit que Mercœur ne l'attirât à lui que dans le but de se saisir de sa personne et de le livrer au parlement de Rennes, pour faire sa cour au Roi et mériter mieux son pardon ; mais il repoussa ce soupçon, croyant le Duc incapable de prendre, pour le trahir, le masque de l'amitié.

Quelques jours après ceci, trois cents soldats de l'île Tristan campaient près des bords enchanteurs de l'Isole, et La Fontenelle entrait dans Quimperlé. Cette ville, maintenant dépourvue de murailles, était alors fortifiée comme presque toutes les plus petites places du royaume. Mercœur s'était logé dans la maison du gouverneur, située sur la principale place de Quimperlé.

Il était environ deux heures de l'après-midi, quand La Fontenelle, accompagné d'une nombreuse escorte, se présenta chez le Duc, auprès duquel il fut sur-le-champ introduit.

Le froid était extrêmement vif, ce jour-là, et la neige tombait à gros flocons. Dans une vaste salle du rez-de-chaussée, près d'une antique cheminée ornée de bas-reliefs, où brillait un feu clair et pétillant, était assis le chef de la Sainte-Union. A ses côtés se tenaient deux hommes qui paraissaient converser familièrement avec lui. Le premier, qui portait le costume militaire de l'époque, était Saint-Laurent, son principal lieutenant; le second n'était autre que le florentin Tournabon, son favori et en même temps son conseiller.

A peine le nom de La Fontenelle fut-il prononcé par les gardes de service, que les trois personnages dont nous venons de parler se levèrent, et que Mercœur s'empressa d'aller au devant du capitaine Ligueur.

— Que désire votre Altesse, et que puis-je faire pour elle ? s'écria Guy-Eder, après s'être incliné profondément et avoir jeté un regard perçant sur Saint-Laurent et Tournabon, comme s'il eût voulu par là leur faire comprendre qu'ils eussent à se retirer à l'instant même.

Mais ceux-ci, quoique paraissant émus et troublés, ne bougèrent pas de leurs places ; ils se contentèrent de présenter un fauteuil à La Fontenelle, lequel, sans remarquer cette prévenance, continuait à demeurer debout.

Depuis que nous avons fait apparaître Mercœur sur cette scène, ce prince avait éprouvé bien des revers, et, on peut le dire, il avait payé cher ses premiers succès. Un vif chagrin s'était emparé de lui car il avait senti que l'année 1598 serait le tombeau de la Ligue et que d'autres efforts pour relever ce parti seraient inutiles. Aussi les traits de son visage, autrefois si fiers et si beaux, avaient-ils maintenant une expression de tristesse et de découragement qui faisait peine à voir. Il gémissait en songeant qu'il allait être forcé de renoncer à son gouvernement de Bretagne, et il cherchait vainement un moyen d'empêcher que cette province ne lui échappât.

— Asseyez-vous donc, capitaine, je vous prie, dit-il à La Fontenelle, en lui offrant lui-même un siége, et veuillez bien m'accorder quelques instants, car j'ai besoin de causer avec vous.

La Fontenelle s'empressa d'obéir, mais en s'asseyant il lança aux deux officiers du Duc un de ces regards qui semblaient demander au prince si ceux-ci allaient être témoins de leur conversation.

Mercœur s'aperçut bientôt du mécontentement de Guy-Eder.

— Monsieur de La Fontenelle, s'écria-t-il, ce que j'ai à vous dire ne doit pas être un secret pour Tournabon, mon ami et mon conseiller, et je n'ai rien à cacher à Saint-

Laurent, mon premier lieutenant ; il m'a rendu trop de services pour cela. Cependant si vous exigez qu'ils se retirent, vous n'avez qu'à parler.

— Seigneur Duc, reprit La Fontenelle en s'inclinant, après les paroles que vient de prononcer votre Altesse, c'est un honneur pour moi de me trouver dans la compagnie de messieurs Saint-Laurent et Tournabon. Maintenant me voici prêt à vous écouter.

CHAPITRE XVIII.

LE DERNIER LIGUEUR.

— Depuis votre voyage à Nantes, monsieur de La Fontenelle, dit Mercœur, il s'est passé bien des événements en Bretagne, et malheureusement, malgré tous mes efforts, le prestige de la Ligue s'est dissipé de jour en jour. Vous avez pu le voir, j'ai su résister avec fermeté à toutes les propositions avantageuses qui m'ont été faites, comme j'ai repoussé avec mépris les accommodements qui m'ont été offerts. En vain le maréchal de Lavardin est venu jusqu'à moi, me promettant mon pardon et me pressant, au nom du Roi, de céder à ses sollicitations; je suis demeuré sourd à ses prières, car j'aurais eu honte de rendre mon épée alors que je pouvais encore la tenir haute et ferme dans ma main ! Mais, hélas ! malgré la mort de d'Aumont et le départ de Saint-Luc, j'ai perdu l'une après l'autre les places qui m'appartenaient, et j'ai vu diminuer le nombre de mes soldats, décimés autant par la maladie que par la guerre. Toutefois, cependant, les Ligueurs n'ont pas cessé de se comporter comme des héros dans toutes les affaires où ils se sont trouvés... Récemment encore, ne viennent-ils pas de se couvrir de gloire devant Kimerc'h ? Eh bien ! il est cruel de l'avouer ici, aujourd'hui nous sommes aux abois; tous nos exploits et nos brillants faits d'armes ont été inutiles !

— Et que prétend faire votre Altesse ? s'écria impatiemment La Fontenelle.

— Rendre mon épée au Roi et solliciter mon pardon.

— Et vous voulez, sans doute, que je rende aussi la mienne, Monseigneur ?

— Avez-vous la prétention de résister seul au Béarnais, comme vous avez résisté à monsieur de Sourdéac ?

— Du moins, Monseigneur, j'en ferai l'essai, si, avec tous les braves Ligueurs que vous commandez, vous consentez à venir vous enfermer avec moi dans mon fort de l'île Tristan.

— Si j'étais certain de maintenir la Ligue en Bretagne et de relever ce noble parti, je m'empresserais, Monsieur, d'accueillir avec joie votre proposition ; mais vous connaissez trop la guerre pour espérer qu'à nous deux nous puissions résister avec succès aux armes royales. D'après des lettres que j'ai reçues récemment, j'apprends que Henri sera bientôt en Bretagne et qu'il est à la tête d'une quinzaine de mille hommes. Le bruit de son arrivée a tellement impressionné les Ligueurs, qu'ils se sont réunis dans cette ville pour déterminer ce qu'il leur reste à faire dans la triste situation où ils se trouvent. Appelé par nos amis à Quimperlé, aussitôt mon arrivée, je vous ai écrit et mandé vers moi pour connaître vos projets et vous communiquer les miens.

— Recevez mes remercîments, Monseigneur, pour l'honneur que m'a fait votre Altesse en m'appelant ici; mais sachez, puisque vous voulez connaître mes desseins, que la venue du Roi ne me fera pas abandonner mon île, et que je suis déterminé à y attendre de pied ferme mes ennemis quels qu'ils soient. En un mot, je ne ferai pas ma soumission, et je préfère mille fois m'ensevelir sous les décombres de mon fort, plutôt que d'abandonner la Sainte-Ligue et implorer ma grâce d'un monarque Huguenot.

— Mais il ne l'est plus, s'écria Mercœur avec irritation.

— Pour votre Altesse, peut-être, répondit avec force La Fontenelle. Quant à moi, je n'ai jamais été la dupe de son abjuration. Elle n'a été qu'une comédie, dans laquelle il a merveilleusement joué son rôle.

— Alors, votre intention est bien de résister au roi de France?

— Et votre Altesse refuse de s'unir à moi contre le Béarnais?

— Oui, car cette témérité serait voisine de la folie.

— Puisque vous ne voulez pas partager

mon sort, eh bien! Monseigneur, je me défendrai seul dans l'île Tristan.

— Cet entêtement vous coûtera cher, monsieur de La Fontenelle.

— Vous croyez, Monseigneur?

— Je le répète, quand on ne peut résister, il y a folie à ne pas vouloir céder.

— Permettez-moi de n'être pas, à ce sujet, du même avis que votre Altesse. Ainsi donc, veuillez faire savoir aux Ligueurs rassemblés dans cette ville, que s'ils veulent se soumettre, je me détache de leur cause et suis bien décidé à ne rendre mon épée que quand j'aurai été délogé par la force de Douarnenez!...

Ces paroles furent prononcées par Guy-Eder avec une fierté qui parut étonner Saint-Laurent et Tournabon; quant à Mercœur, il en fut piqué au vif et répliqua en ces termes:

— C'est fort bien, Monsieur, je transmettrai votre résolution aux capitaines Ligueurs réunis à Quimperlé, et puisque vous le voulez, vous resterez aux prises avec le roi de France. Quant à moi, maintenant, je n'ai plus rien à me reprocher. En considération de votre famille et à cause des services que vous m'avez rendus à la bataille de Craon, je voulais sauver votre tête en péril ; mais puisque vous repoussez mes conseils, ne vous en prenez qu'à vous-même des malheurs que votre imprudente conduite ne va pas manquer de vous attirer.

— Je sais supporter l'infortune, Monseigneur, répliqua audacieusement La Fontenelle, et y suis habitué depuis longtemps.

— C'est possible... mais vous n'avez jamais su la respecter, s'écria Mercœur, plein d'indignation du ton arrogant de Guy-Eder.

— Monseigneur, je l'ai respectée toutes les fois qu'il l'a fallu, objecta hypocritement La Fontenelle en se radoucissant.

— Non, Monsieur, jamais vous n'avez respecté ni le malheur, ni les trèves, ni les femmes, ni l'hospitalité, ni même votre serment !...

— Je ne vous comprends pas, Monseigneur, dit La Fontenelle en rougissant de colère.

— Avez-vous donc déjà oublié les massacres du Granec et de Plogastel ; l'enlèvement de mademoiselle Mézarnou, Penmarc'h, Pont-Croix, et madame de La Villerouaut ? Croyez-vous qu'en vous rendant coupable de ces horribles méfaits, vous n'avez pas mille fois mérité la corde ou la roue ?

Cette question fit naître dans le cœur de La Fontenelle une fureur terrible qui pensa éclater. Outre plusieurs griefs qu'il avait contre le Duc, il ne pouvait lui pardonner d'avoir incendié le château du Granec. Cependant, réfléchissant aux fâcheux effets que produirait sa violence en cette occasion, il parvint à se maîtriser, et répondit avec un calme apparent :

— Puisque vous trouvez, Monseigneur, que je suis un grand coupable et que j'ai mérité la mort, pourquoi voulez-vous que, dans ma position, j'aille follement me soumettre et livrer ma tête au Roi ?

— Je vous ai conseillé de faire votre soumission, car je sais l'inutilité de la défense ; et si j'insiste pour cela, c'est que je suis certain que si vous osez résister au Béarnais, vous n'obtiendrez jamais votre pardon. Au contraire, si vous lui rendez votre épée en même temps que la mienne, alors sa clémence s'étendra sur vous et sur vos soldats.

— Et qui me garantira la clémence royale ?

— Personne ; mais connaissant la loyauté de notre monarque, je suis persuadé qu'en vous voyant mettre bas les armes, il en sera reconnaissant ; et qu'en faveur de votre famille et eu égard à Lavardin qu'il honore d'une façon toute particulière, il vous pardonnera et vous accordera des lettres d'abolition. D'ailleurs, Monsieur, je fais ici le serment de ne pas vous abandonner et de plaider chaudement votre cause pour les services que vous m'avez rendus, et que je ne saurais oublier. J'intercéderai donc pour vous, soyez-en sûr, et je ne désespère pas d'obtenir votre grâce.

CHAPITRE XIX.

LE DERNIER LIGUEUR (Suite).

En entendant ces mots, La Fontenelle qui, un moment, avait été sur le point de reprocher au Duc certains faits de guerre dans lesquels cet allié avait aussi donné des preuves de barbarie, résolut de dissimuler et de tirer parti des bonnes dispositions de Mercœur à son égard.

— Quelque événement qu'il arrive, se dit-il à lui-même, je serai toujours à temps de résister si j'y trouve mon avantage, sans aller ici faire part de mes intentions. Dissimulons donc jusqu'au bout, car il serait possible que le Roi ne vînt pas en Bretagne ; alors, logé comme je le suis dans mon île, je pourrais encore maîtriser la Cornouaille.

Ayant fait ces prudentes réflexions, il reprit tout haut :

— Merci, Monseigneur, de toutes les bontés que vous daignez avoir pour moi ; croyez bien que je vous en conserverai une éternelle reconnaissance. Oui, maintenant, je le confesse, j'étais un insensé de ne point écouter vos avis et d'avoir eu la téméraire pensée de résister au Roi. Hélas! vous l'avez dit, la Ligue est perdue en Bretagne à jamais, malgré vos efforts et les miens. Nous n'avons plus qu'à courber la tête devant nos ennemis triomphants. Je consens donc à me soumettre, et vous prie d'exprimer au Béarnais mes regrets d'avoir été, dans cette province, le dernier des Ligueurs à le reconnaître.

— Soyez tranquille à ce sujet, monsieur de La Fontenelle, je ferai tout ce qui dépendra de moi pour vous sauver. D'un autre côté, vous le savez, le Roi a plusieurs motifs d'user de clémence avec nous deux : il a d'abord un vif désir d'unir son fils César avec ma fille, et puis, il faut le dire, il tremble que vous ne livriez votre fort aux Espagnols.

La Fontenelle sourit en entendant la dernière raison alléguée par Mercœur, et il s'applaudit de nouveau de n'avoir pas attiré sur lui sa colère.

Un instant aussi, Mercœur, irrité de la résistance de Guy-Eder, avait été sur le point d'éclater et de lui reprocher tous les autres actes d'atrocité qu'il avait commis, en lui déclarant qu'il rougissait, lui, Philippe-Emmanuel de Lorraine, beau-frère du roi Henri III, de s'être abaissé au point de mander auprès de sa personne un scélérat tel que celui qu'on nommait partout le Brigand de la Cornouaille. Mais il eut la force de se contraindre, car il connaissait la nature perfide et indomptable de son allié, et il n'ignorait pas le danger qu'il y aurait à faire arrêter un homme de cette trempe, surtout quand il était escorté par trois cents soldats. D'ailleurs le Duc avait l'âme chevaleresque; pour lui, La Fontenelle était inviolable et il ne pouvait oublier que c'était lui-même qui l'avait attiré à Quimperlé. Et puis, il espérait se faire un mérite auprès du Roi de sa soumission, en insinuant que ce n'était que grâce à son intercession que Guy-Eder avait cédé.

Pendant que le silence régnait dans l'appartement, Saint-Laurent et Tournabon ne pouvaient s'empêcher de jeter à la dérobée leurs regards sur la physionomie changeante et trompeuse du personnage étrange qui était près d'eux, et dont l'expression du visage, tantôt douce et charmante, devenait, quelque temps après, sinistre et cruelle.

En ce moment La Fontenelle se leva, et après avoir renouvelé à Mercœur avec beaucoup de courtoisie ses remercîments pour l'intérêt tout paternel qu'il voulait bien lui porter, il s'empressa de lui faire ses adieux.

— Comment, s'écria le Duc, vous ne me donnez même pas un jour, vous partez aujourd'hui même?

— Je suis forcé de ne point demeurer plus longtemps à Quimperlé; des affaires pressantes m'appellent à l'île Tristan. Adieu, Monseigneur, ajouta-t-il en s'inclinant jusqu'à terre, je pars tranquille, car mon sort est entre vos mains!

Quelques minutes après, La Fontenelle, à la tête des siens, galopait vers Douarnenez.

A peine ces événements s'étaient-ils écoulés, que le 18 février, Henri IV se mettait en route pour la Bretagne, laissant le gouvernement des affaires au prince de Conti. Le bruit de la marche de l'armée royale porta l'effroi dans l'âme des Ligueurs. Tous s'empressèrent de faire leur soumission.

Henri leur accorda une amnistie entière par un édit qui défendait qu'on dirigeât aucune poursuite contre ses anciens ennemis.

Mercœur, qui alors était à Nantes, jugea que le moment était venu d'implorer son pardon. Aussitôt qu'il eut obtenu un passeport pour sa femme, il envoya la Duchesse à Angers, où le Roi venait d'arriver avec son armée.

Elle commença d'abord par demander que le Duc, son mari, fût maintenu dans son gouvernement, mais cette proposition hardie fut repoussée. Alors la Duchesse proposa le mariage de sa fille Françoise avec le duc de Vendôme, à la condition que ce jeune prince serait nommé gouverneur de la province à la place de Mercœur. Cette fois, cette union parut trop avantageuse pour être repoussée, et bientôt Mercœur fut contraint de se démettre de son gouvernement de Bretagne, pour lequel il avait exposé inutilement sa vie, celle de ses amis et de ses soldats.

Dès que l'Edit de pacification fut arrêté, Mercœur lui-même vint à Angers trouver le Roi, qui le reçut avec beaucoup de distinction et lui fit l'accueil le plus gracieux. Le Duc n'oublia pas la promesse qu'il avait faite à La Fontenelle, et il parvint à le faire comprendre dans le traité qu'il passa avec le Béarnais. Celui-ci, sollicité en même temps par plusieurs amis de la famille Beaumanoir, accorda à La Fontenelle sa grâce, mais il lui déclara que, si dans l'espace de quinze jours, il ne rentrait pas dans le devoir, il n'y aurait aucun quartier à espérer pour lui.

Le partisan, comprenant le danger de sa position et voyant qu'il ne lui restait d'autres moyens de sauver sa vie que de reconnaître l'autorité de son Roi légitime, se hâta d'envoyer sa soumission par écrit.

Ainsi donc, en Bretagne, La Fontenelle fut le dernier à rendre son épée.

Le Roi ne tarda pas à lui accorder des lettres d'abolition. Il lui écrivit ensuite une seconde lettre dans laquelle il le déchargeait de tous ses méfaits, et pardonnait à tous ceux qui l'avaient suivi ou assisté dans ses expéditions.

La Bretagne fut alors pacifiée, et à la fin du mois de mars toute cette province était soumise au Roi et la Ligue anéantie.

Le contrat de mariage fut dressé entre César, duc de Vendôme, et la fille de Mercœur. Le Béarnais accorda 230 mille écus de dédommagement au duc déchu, avec 17 mille écus de pension, ainsi que la garde de Guingamp, de Lamballe et de plusieurs autres places fortes. Après la célébration des fiançailles, le Roi fit son entrée à Nantes avec une pompe et une magnificence toute militaire, et alla loger dans le château de cette ville. Là, il conféra définitivement le gouvernement de Bretagne à son fils César, et publia le fameux édit de Nantes, qui réglait le sort des protestants en France.

Accompagné du maréchal De Brissac, il se rendit ensuite à Rennes, où il exigea que les Etats lui remboursassent les frais de cette guerre. Il partit bientôt de cette ville pour Paris, où il arriva charmé du caractère loyal et plein de franchise des Bretons.

Quant à Mercœur, désabusé de la chimère de se faire nommer duc de Bretagne, il se retira tout chagrin dans ses terres.

CHAPITRE XX.

LE CHATEAU DU LAZ.

Revenons maintenant à Du Granec, que nous avons vu partir de Quimper avec son ami Kérollain. Il se rendit sur-le-champ au château du Laz, qu'habitait toujours son père.

Le comte de Pratmaria était dans une grande inquiétude au sujet des bruits qui couraient sur la capitale de la Cornouaille. Les alarmistes et les faiseurs de nouvelles, si terribles et si dangereux à toutes les époques, assuraient que Quimper avait été pris par La Fontenelle, et que celui-ci, après avoir passé les habitants au fil de l'épée, y régnait en maître. Qu'on juge des angoisses de ce bon père, en apprenant ces affreuses nouvelles ! Aussi, malgré son âge avancé, avait-il résolu de ne pas rester plus longtemps dans l'incertitude, et de partir lui-même pour vérifier si ces malheurs avaient eu lieu.

Le lendemain, au moment où il s'apprêtait à monter à cheval, Du Granec entrait dans la cour du château. Cette vue soudaine causa au vieillard une joie si vive, qu'il faillit se trouver mal entre les bras de son fils. Quand le Comte fut remis de son trouble, Du Granec lui raconta tout ce qui lui était arrivé pendant son absence. En faisant ce récit, il se montra tellement modeste qu'il s'effaça pour ainsi dire, et déclara que Quimper ne devait son salut qu'au sang-froid et à l'intrépidité de Kérollain.

Le Comte remercia le ciel de ce qu'il avait bien voulu encore lui conserver son fils, en permettant qu'il échappât à la vengeance de La Fontenelle. Il supplia ensuite Du Granec de ne plus le quitter, quelque chose qu'il arrivât, et de rester près de lui pour protéger sa vieillesse, car depuis quelque temps il sentait que les pénibles émotions qu'il avait éprouvées, avaient ébranlé sa santé, et que seul, il lui serait désormais impossible de résister à de nouveaux chagrins.

Du Granec, vivement touché, promit à son père de demeurer à l'avenir au château du Laz. Il tint sa promesse et resta sous le toit paternel, s'occupant à la chasse et à la pêche avec ses amis, et passant l'autre partie de son temps à songer à Clara, sa bien-aimée, qu'il n'avait revue que deux fois depuis le soir où il lui avait déclaré son amour.

Bien souvent Amaury avait fait espérer au comte de Pratmaria qu'il viendrait passer quelques jours au Laz avec mademoiselle de Loquevel, mais jamais il n'avait mis ce projet à exécution.

Du Granec, commençant à perdre papatience, avait résolu de solliciter de son père la permission de se rendre au château de Beaumanoir, pour demander au Baron la main de Clara. Peu de jours après, ayant obtenu ce consentement, il allait se mettre en route, quand il apprit la nouvelle du sac de Pont-Croix. Il n'eut pas de peine à comprendre que, pour le moment, il fallait encore renoncer à ce voyage, et remettre sa visite à des temps plus opportuns. Tout en donnant mille malédictions à Guy-Eder, il se résigna à endurer ses cruels ennuis. Plus tard, il eut connaissance de tous les événements qui eurent lieu en Bretagne, et son étonnement fut grand en apprenant que non-seulement La Fontenelle avait été compris dans l'amnistie générale, mais encore qu'il avait été créé par le Roi capitaine de cinquante hommes et gouverneur de Douarnenez.

Bientôt enfin, pour la seconde fois, Amaury informa le comte de Pratmaria que, très-prochainement, il effectuerait son projet de voyage.

Une semaine après la réception de cette lettre, par une belle soirée du printemps, le Baron et Clara arrivaient au Laz.

Au moment même où les deux voyageurs, accompagnés de quelques domestiques, mettaient pied à terre dans la vaste cour du château, Du Granec, bien loin de se douter de leur venue, était assis à l'extrémité de la pelouse qui s'étendait en avant de l'édifice principal. Là, sous un massif de lilas, il se livrait à ses rêveries habituelles et souriait de bonheur en voyant son pays délivré des maux qui l'avaient affligé pendant si longtemps. Il espérait enfin voir luire le jour où il reverrait sa chère Clara ! En entendant la voix si connue de Beaumanoir, il se leva tout ému, et, sortant de dessous les lilas, il aperçut mademoiselle de Loquével qui s'avançait appuyée sur le bras du Baron. En allant à leur rencontre et en jetant les yeux sur cette jeune fille si belle, il éprouva comme un vertige, et il resta ébloui de sa beauté et de la noblesse de son maintien. Un instant même il se sentit chanceler sous le poids de cette émotion ; mais il se remit bientôt, et, après avoir salué Clara, il s'élança vers le Baron qui, pâle et tremblant, lui tendait les bras.

Tous deux s'étreignirent avec effusion jusqu'au moment où Pratmaria, survenant tout-à-coup, vint mêler ses étreintes à celles de son fils et de son ami.

Après ces épanchements bien naturels, le Comte, ayant présenté ses hommages à Clara, fit passer ses hôtes dans la grande salle basse, où le couvert était mis pour le souper.

Le repas fut triste et assez silencieux, malgré quelques saillies échappées à mademoiselle de Loquevel, et malgré les efforts que fit Du Granec pour entretenir la gaîté et empêcher que Beaumanoir ne retombât dans ses sombres pensées. On ne parla point de La Fontenelle, mais on s'entretint longuement des fêtes qui avaient eu lieu à Nantes, à l'occasion du séjour du Roi dans cette ville.

Dès qu'on se fut levé de table, Pratmaria mena Beaumanoir et Clara promener dans son jardin, qui était vaste et tracé avec beaucoup de goût. Il ne voulut pas que cette promenade se prolongeât trop longtemps, car il savait ses hôtes fatigués de leur voyage ; aussi fit-il en sorte que l'on se séparât de bonne heure, au grand mécontentement de Du Granec qui ne pouvait se lasser de la conversation pleine de charmes de sa fiancée.

Enfin le signal de la retraite ayant été donné, chacun se retira dans son appartement.

CHAPITRE XXI.

L'AVEU.

Alors Du Granec, après avoir accompagné son père jusqu'à sa chambre, comme il le faisait chaque soir, lui demanda s'il pouvait lui accorder un moment d'entretien.

— Bien volontiers, mon fils, lui répondit le vieillard.

Après cette réponse, le Comte l'invita à parler sans crainte.

— Je ne sais, mon père, dit Du Granec avec émotion, si vous avez remarqué l'affection que, depuis mon enfance, j'ai toujours portée à mademoiselle de Loquevel ; eh bien, cet attachement n'a fait que croître de jour en jour. Jamais je n'ai pu oublier ces instants où ma vie s'écoulait si heureuse près d'elle. Aujourd'hui, je songe à voir se réaliser les rêves, que tout enfant je formais pour mon bonheur à venir. Clara a toujours été la femme que j'ai le plus aimée au monde, parce que chez elle j'ai trouvé réunies toutes les qualités de l'esprit et du cœur. Je crois donc être arrivé au moment où il faut que je sois fixé sur le sort qui m'est réservé, car, je le sens, il me serait impossible de différer plus longtemps. En un mot, mon père, je vous prie de vouloir bien, demain, demander pour moi la main de mademoiselle de Loquevel, au Baron. Déjà, plusieurs fois à cet effet, j'avais formé le dessein de me rendre à Beaumanoir ; mais j'en ai été empêché par les événements. Maintenant, grâce à Dieu ! la Cornouaille peut espérer des jours tranquilles ! Il ne fallait, pour changer la face des affaires en Bretagne, que la présence du Béarnais.

— Que n'est-il venu plus tôt ? s'écria le

Comte ; il n'y aurait peut-être pas eu de La Fontenelle, et j'aurais encore mon beau château du Granec.

En prononçant ces mots, Pratmaria se leva de son siége, en proie à la plus vive agitation.

— Oui, reprit-il, si le Roi était venu parmi nous, et s'il n'eût pas été arrêté par les nombreux ennemis qu'il lui a fallu combattre, Mercœur eût été bientôt puni et châtié, et jamais La Fontenelle n'aurait eu le temps ni la pensée de se fortifier dans l'île Tristan.

— Laissons toutes ces pénibles réflexions, mon père ; elles sont maintenant inutiles. Réjouissons-nous plutôt de ce qui est arrivé, et espérons que le temps tempérera l'amertume des souvenirs du Baron.

— Et nous, tâchons par nos soins et par notre amitié de ramener la sérénité dans son âme. Actuellement, laisse-moi te remercier, ajouta le Comte avec bonté, de la confidence que tu viens de me faire, et sois certain que je remplirai ta commission avec le plus grand plaisir. Sache-le bien, mon fils, je suis fier d'être ton père, car ta vie a toujours été pure et loyale. Jamais, en aucune circonstance, je n'ai eu à rougir de t'avoir donné mon nom, et tu as été pour moi un fils bon et dévoué. Aussi t'ai-je traité comme le meilleur de mes amis, n'ayant pour toi ni froideur ni sévérité. Ton bonheur ne peut être douteux ; les vœux que forme ton cœur seront comblés, et Clara, joyeuse de s'unir à notre famille, acceptera ta main. D'ailleurs n'est-elle pas ton amie d'enfance ? Et puis, le rôle glorieux que tu as joué dans les guerres de la Ligue, n'est-il pas aussi un titre qui te donne le droit d'aspirer à cette union ?

— Assez, mon père, interrompit Du Granec en souriant ; bien certainement, si vous continuiez ainsi, vous iriez jusqu'à vouloir me faire passer pour un héros.

— Tu as raison, mon fils, ce n'est pas à nous qu'il appartient de rehausser les belles actions que nous avons pu faire ; laissons aux autres le soin d'en parler et de les apprécier. Mais, quoi qu'il en soit, je le sens, ma vieillesse s'écoulera douce et tranquille, car ton courage, tes vertus et les égards dont tu m'environnes chaque jour me feront oublier les cruels chagrins que j'ai eu à souffrir pendant ma longue carrière.

En disant ces mots, Pratmaria serra affectueusement son fils sur son cœur, et l'assura de nouveau que le lendemain il irait trouver le baron de Beaumanoir.

Du Granec se retira dans sa chambre, le cœur plein d'espoir et de douces émotions. Cependant la joie de son âme était si profonde et son agitation si grande, que cette nuit-là, fut pour lui à peu près sans sommeil.

Il ne pouvait s'empêcher de songer qu'il était sous le même toit que mademoiselle de Loquevel, et il se ressouvenait avec bonheur de cette soirée où il avait osé lui déclarer ses sentiments, et où elle avait encouragé ses espérances pour l'avenir. Puis, tout-à-coup, comme s'il eût été sous le coup d'une hallucination, il écoutait, osant à peine respirer.... et il lui semblait entendre la voix si douce de Clara retentir à ses oreilles. Presqu'aussitôt, riant lui-même de son illusion, il n'entendait plus rien, mais il se figurait voir sa bien-aimée assise près de son chevet, le contemplant avec amour. Alors Du Granec se berçait des songes les plus doux ; il entrevoyait devant lui une félicité que rien ne pouvait ternir ; car il savait que son amante était bonne, charitable, vertueuse.

Il demeura ainsi longtemps en proie à une foule de pensées tumultueuses, et ce ne fut qu'à l'approche du jour qu'il parvint à goûter un peu de repos.

CHAPITRE XXII.

LA FONTENELLE ET QUILLIEC.

Un mois environ après ces événements, vers deux heures de l'après-midi, deux cavaliers chevauchaient à quelques pas l'un de l'autre, dans un chemin creux recouvert en dôme par les branches de vieux chênes qui laissaient à peine filtrer les rayons du soleil à travers leur feuillage, tant leurs rameaux étaient touffus et entrelacés.

Celui qui marchait le premier et que l'on pouvait facilement reconnaître pour un homme de guerre et un gentilhomme, montait un puissant cheval noir, à l'allure vive et fière. C'était un grand jeune homme blond, aux membres robustes, à la figure noble et intelligente, au regard vif et étincelant, à la tournure imposante et martiale.

Quant au second, qui était de petite taille, mais extrêmement replet, il portait le costume des soldats de l'époque et paraissait doué d'une force herculéenne. Une expression de cruauté se peignait sur sa farouche physionomie.

L'un était La Fontenelle ; l'autre, maître Quilliec, l'ancien hôtelier de Brest. Tous deux venaient de l'île Tristan et se dirigeaient vers Beaumanoir-Eder.

La Fontenelle désormais était forcé de vivre en honnête homme. Le sentier de l'honneur qu'il avait abandonné lui était encore ouvert ; c'était donc à lui à ne plus s'en écarter. Malheureusement rien ne pouvait effacer son passé, car il était entaché de sang. Mais ce qui tuait et énervait le plus son organisation cruelle et puissante, c'était la paix qui, ramenant avec elle la tranquillité dans le pays, l'avait contraint à la vie oisive.

Aussi l'ennui, qui marque tout de sa griffe de fer, avait-il laissé sa trace ineffaçable sur son front soucieux.

C'est qu'après avoir reçu des lettres d'abolition, il s'était vu forcé de congédier une grande partie de sa garnison, et de ne conserver avec lui que le nombre d'hommes nécessaires à la garde de son fort. Cette séparation lui avait porté un coup terrible, car en faisant ses adieux à ses féroces compagnons et en voyant couler leurs larmes, il avait compris que sa puissance était à jamais anéantie, et qu'il n'était plus rien en Bretagne. Alors il pleura aussi, et laissa tomber ses pleurs brûlants sur le brevet qui l'élevait au rang de capitaine de cinquante hommes.

Dans son désespoir, il fut sur le point de déchirer cet écrit avec les lettres de grâce du roi; mais après réflexion, il s'arrêta en songeant que peut-être celui-ci, victime de sa bouillante audace, serait tué sur quelque champ de bataille, et qu'après cette mort, lui, Guy-Eder, pourrait bien encore reconquérir son prestige d'autrefois. Voulant apporter quelque soulagement à sa tristesse, il prit la résolution d'aller voir son frère et de faire sa paix avec lui. C'est pourquoi, après avoir remis le commandement de son fort à De Romar et à La Boulle, ses deux premiers lieutenants, il était parti accompagné seulement de Quilliec.

— Oui, Quilliec, disait-il à l'ancien tavernier, après l'avoir invité à rapprocher son cheval du sien, je le sens, j'ai bien fait de prendre la résolution de venir voir Amaury, et tu ne saurais croire quel plaisir j'éprouve en portant mes regards sur tous les lieux où nous passons, car ils me rappellent les promenades que je faisais alors dans les environs avec mon frère. Jamais ces souvenirs ne sortiront de ma pensée, et il me sera impossible d'oublier tous les soins dont il a entouré mon enfance ! Je ne regrette qu'une chose, c'est de lui avoir fait verser tant de larmes !.... Cependant, malgré le trouble que je ressens en pensant que tout à l'heure je vais être en sa présence, d'un autre côté, je tressaille de bonheur à l'idée que je pourrai bientôt le presser dans mes bras !.... Je vais solliciter son pardon, et j'y tiens bien autrement qu'à celui de notre roi Huguenot.

— Votre frère vous pardonnera, soyez-en sûr, capitaine, répliqua Quilliec, et j'espère aussi qu'il daignera oublier mes torts passés, en ma qualité d'ancien serviteur de sa noble maison.

— Si tu fus coupable envers mon frère, la faute ne peut être imputée qu'à moi seul, qui te détournai de tes devoirs en t'entraînant à ma suite, dans les premières courses que je fis aux environs de Quintin.

— Hélas ! c'est l'exacte vérité. Je crois même pouvoir affirmer que sans vous, jamais je n'eusse pris le goût du pillage, et qu'à l'heure qu'il est, parfaitement heureux et dénué d'ambition, je serais encore au service du baron de Beaumanoir.

— M'en voudrais-tu donc, Quilliec, de t'avoir arraché à la domesticité, pour t'initier au beau métier de soldat et de partisan?

— Non, certes, Monseigneur, car quoique bien heureux avec votre frère, je serais maintenant sans le sou; au lieu que, grâce à vous, je me trouve à la tête d'une petite fortune et à l'abri du besoin.

— Tant mieux, mon ami, rien ne me fait plaisir comme de voir mes soldats prospérer. Le plus grand malheur qui nous soit arrivé et que nous ne saurions trop déplorer, c'est la venue du roi en Bretagne. Sans la pacification, j'aurais continué encore longtemps à dominer ce pays, et je t'eusse fait bien riche, Quilliec, toi, ainsi que mes autres fidèles compagnons.

— Je n'en ai jamais douté, capitaine, mais, que voulez-vous, il faut savoir se résigner et accepter les arrêts du destin, puisque nous ne pouvons commander aux événements. Si le Roi vous a empêché de régner en souverain sur ce pays, Sourdéac m'a contraint de quitter Brest, et a été cause que je n'ai pu achever la fortune que j'y avais si bien commencée.

— A propos de ce gouverneur dont tu me parles, ne serait-il pas plaisant, à présent que je suis officier au service du Béarnais, de me voir, à mon tour, aller à Brest lui rendre ma visite ?

— Il y aurait à cela une bien grande imprudence.

— Et laquelle, Quilliec ?

— Que sait-on ? Sourdéac, oubliant peut-être que vous avez reçu des lettres de grâce et ne consultant que sa haine, profiterait de l'occasion qui lui serait offerte pour se venger de la mort de son lieutenant Treffilis et des deux échecs qu'il a essuyés devant l'île Tristan.

— Et après ?

— Après, capitaine, il vous ferait suspendre à quelque bonne potence, ou bien encore vous jetterait dans les terribles oubliettes de son château, où le Roi vous laisserait sans doute pourrir jusqu'à la fin de votre vie, sans jamais vous réclamer au gouverneur de Brest. D'ailleurs, Sourdéac est en faveur ; tout ce qu'il fait est bien fait, et cela est si vrai que, malgré ses insuccès militaires, il vient d'être comblé d'honneurs et nommé marquis d'Ouessant.

— Alors, d'après toi, il y aurait un véritable danger à effectuer ce voyage ?

— En cette occasion, Seigneur capitaine, je parle comme je le pense.

— Et tu raisonnes à merveille, Quilliec ; aussi sois persuadé que je ne serai pas assez fou pour aller à Brest où je n'ai nulle affaire. Jadis, je l'avoue, j'ai eu l'intention de m'en emparer ; mais j'ai dû renoncer à cette entreprise, à cause de sa nombreuse garnison.

— Vons avez agi en sage en renonçant à attaquer cette redoutable forteresse, et moi, tant que je vivrai, je regretterai toujours de n'avoir pas tué son gouverneur à la place du capitaine Magence, que je ne connaissais pas et qui ne m'avait jamais fait de mal.

— En effet, cela eût mieux valu ; mais que veux-tu, mon ami, il ne nous est pas donné sur les champs de bataille, de rencontrer l'ennemi que nous désirons frapper. Moi-même, pourquoi, au lieu de Treffilis, n'ai-je pas immolé à ma fureur ce traître de Du Granec ?

— Et le capitaine Le Clou, celui-là vous a aussi échappé ?

Le Clou ! s'écria La Fontenelle en changeant tout-à-coup de visage. Oh ! ne prononce jamais ce nom à mon oreille, car en me rappelant ma captivité, il me fait songer à l'énorme rançon que j'ai été forcé de payer pour sauver ma tête, et à mes deux défaites de Quimper. En échouant dans ces expéditions, j'ai manqué le double but que je voulais atteindre ; d'abord j'avais juré de me faire rembourser par les Quimpérois la somme que j'avais comptée à monsieur de Saint-Luc, puis je pensais à pouvoir saisir ce traître de Le Clou, et à en tirer une vengeance éclatante.

En achevant ces mots, sa physionomie se contracta, comme cela lui arrivait presque toujours, quand il était sous le coup de la colère ou de quelque vive contrariété. Il murmura quelques paroles sans suite que Quilliec ne put comprendre.

L'hôtelier n'entendit que trois mots sortir distinctement de sa bouche : ce furent ceux de Le Clou, de Du Granec et de Quimper.

CHAPITRE XXIII.

LA RENCONTRE.

Une fois ce moment de colère passé, La Fontenelle, ayant fait sentir fortement l'éperon à son cheval, prit le galop. Aussitôt Quilliec s'empressa d'imprimer la même allure au sien et de suivre son capitaine. Les deux cavaliers venaient alors de sortir de l'allée couverte, dans laquelle ils n'avaient pu avancer que très-lentement, à cause de l'inégalité du terrain et des mares d'eau qui, à chaque instant, arrêtaient leur marche. Ils se trouvaient dans une vaste plaine, plantée de distance en distance de quelques rares genêts. Dans le lointain, au milieu d'un carrefour, on apercevait une grande croix de granit toute chargée de saints, et non loin de là, la naissance d'une superbe avenue qui semblait devoir mener à quelque demeure seigneuriale. C'était en effet à l'extrémité de cette belle plantation que s'élevait le château de Beaumanoir.

En approchant du manoir de son frère, La Fontenelle, tout ému, remit son cheval au pas et se détourna pour voir si Quilliec était encore près de lui; mais l'hôtelier, qui n'avait cessé de galoper, le rejoignait en ce moment même.

— Eh bien! Quilliec, lui demanda-t-il, commences-tu à te reconnaître ici ?

— Oh! parfaitement, capitaine, voilà là-bas la grande allée de chênes où, le dimanche, nous nous amusions à tirer de l'arquebuse, et je me le rappelle fort bien; c'était toujours vous qui atteigniez le but, comme aussi, malgré votre jeune âge, vous étiez également vainqueur à la lutte, au grand étonnement des vassaux de Beaumanoir. Et si je ne me trompe, c'était dans cet épais taillis qui est devant nous, que vos compagnons et moi nous nous cachions pour vous attendre, quand nous avions en tête quelque course lointaine ou quelque secrète expédition.

— Et tu ne saurais croire quelles recommandations me faisait mon frère. Pensant que je me rendais à une partie de chasse avec les gentilshommes des environs, il m'exhortait à la prudence, craignant pour moi un fâcheux accident. Il me semble entendre sa voix comme si c'était hier encore. Mais alors j'étais incapable d'apprécier sa tendre sollicitude pour moi. Je ne songeais qu'aux aventures périlleuses et au pillage. Depuis j'ai réfléchi, et j'ai compris l'amitié plus que fraternelle du Baron.

Quilliec écoutait avec attention ces paroles sans trop s'en étonner, parce qu'il connaissait l'affection réciproque qui avait toujours existé entre les deux frères. Bien des fois, il se rappelait avoir vu La Fontenelle, malgré son endurcissement, donner des marques de sensibilité, lorsque sa pensée se reportait sur Amaury.

Tout-à-coup, comme ils ne se trouvaient plus qu'à une petite distance de l'avenue du château, ils entendirent les sons rustiques et criards du haut-bois et du biniou. Comme ce jour-là n'était point un dimanche, ni une fête gardée de quelque saint de Bretagne, cette musique eut lieu de surprendre nos voyageurs, qui se demandèrent ce que ce pouvait être. En entrant dans l'avenue, ils aperçurent au milieu de l'allée plusieurs groupes de paysans qui dansaient en cadence, et plus loin, des tables autour desquelles étaient assis sous des tentes des femmes et des hommes revêtus de leurs plus beaux habits.

— C'est sans doute la noce de l'un des vassaux de votre frère ? dit Quilliec.

— Je pense que tu as deviné juste et que le Baron aura permis aux invités de venir se divertir dans ces allées, comme il le faisait souvent autrefois ; mais, tiens, pour m'en assurer, je vais le demander à cet aveugle qui est là-bas monté sur ce petit tertre, et qui, sans aucun auditeur, s'épuise à chanter de lamentables complaintes.

En disant ces mots, La Fontenelle fit

avancer son cheval et se trouva en face
d'un vieil octogénaire, à la figure vénérable,
dont la barbe blanche et touffue descendait jusqu'à sa poitrine. Sans prêter attention au bruit que faisaient les cavaliers en
s'approchant, le vieillard continua de chanter d'une voix forte et retentissante.

En considérant attentivement le chanteur, La Fontenelle et Quilliec le reconnurent sur-le-champ : car, qui, à dix lieues à
la ronde, ne connaissait pas le vieil Hervéik,
l'aveugle, que l'on rencontrait à toutes les
foires et à toutes les assemblées, vendant
et chantant des chansons bretonnes dont la
plupart avaient été composées par lui ?

Depuis environ neuf ans que La Fontenelle ne l'avait pas revu, le vieux barde
n'avait pas changé. Sa présence lui rappela
les jours, où tout enfant et assistant à quelque fête patronale, il avait lui-même pris
plaisir à faire l'aumône à Hervéik ; il se ressouvint également d'avoir alors beaucoup
aimé à le voir venir à Beaumanoir, et à entendre ses vieilles ballades. Eh bien ! malgré le temps écoulé, l'aveugle était resté le
même. Il avait toujours le même chapeau,

le même habit, la même besace et le même bâton ferré, et celui qui l'assistait pouvait encore voir à ses pieds, son vieux chien tenant dans sa gueule sa vieille sébile écornée.

— Silence donc ! dit La Fontenelle à Hervéik, en lui faisant l'aumône, et réponds à ce que je vais te demander.

— Que le bon Dieu vous bénisse et vous accorde une longue vie ! s'écria l'aveugle en retirant l'argent de sa sébile et le mettant dans sa poche. Parlez, monsieur, que vous faut-il ? Voudriez-vous quelques-unes de mes chansons ? Elles sont bien curieuses et bien amusantes. Voulez-vous la bataille de Coutras ou celle de Craon, ou bien le siège d'Amiens, la prise de La Fère, ou encore l'assassinat du roi Henri III ? Tenez, écoutez, je vais commencer la bataille de Coutras !..

Et aussitôt, le vieillard se mit à entonner les premiers vers de sa ballade.

— Silence donc ! vieux braillard, interrompit La Fontenelle impatienté ; maintenant, sache-le bien, il ne s'agit pas de chanter, mais de nous dire à quel propos ont lieu ces danses dans l'avenue de Beaumanoir ?

— Vous n'êtes donc pas de ce pays, monsieur? demanda Hervéik.

— Non, mais des environs, car je sais ton nom et te connais depuis longtemps.

— C'est possible, dit tristement le barde, le vieil aveugle est connu de tout le monde; mais moi, je ne vois rien, et ne puis reconnaître les gens qu'à la voix ; hélas ! depuis plus de vingt ans j'ai perdu la vue et n'ai d'autre ami que mon vieux chien !

— Pourquoi donc danse-t-on ici aujourd'hui ? demanda encore La Fontenelle.

— Parce qu'il y a noce au château, mon bon monsieur.

— Noce au château du baron Amaury ?

— Mais oui, monsieur, fit Hervéik en souriant.

— Et quelle est la personne qui s'y marie ?

—La noble demoiselle Clara de Loquevel, la bienfaitrice de ce canton, la mère des pauvres et des malheureux !

— Quoi ! épouserait-elle le baron de Beaumanoir ? demanda La Fontenelle de plus en plus ému.

— Oh ! non, monseigneur le baron n'a pas le cœur au mariage... Il ne fait que pleurer et gémir., il ne peut, voyez-vous, oublier les crimes de son frère La Fontenelle, le Brigand de la Cornouaille, comme on l'appelle partout ici. Eh ! mon Dieu, qui aurait cru que cet enfant, avec lequel j'aimais tant à m'entretenir quand j'allais au château, serait devenu si terrible ? Oh ! je lui ai appris plus d'une complainte et plus d'une légende, mais il y a de cela bien longtemps !... et à présent, si Guy-Eder venait à me parler, je ne sais trop si je reconnaîtrais sa voix.

CHAPITRE XXIV.

LA RENCONTRE (Suite).

La Fontenelle était si agité, qu'il n'entendit rien des dernières paroles de l'aveugle. Plein de jalousie à la nouvelle du mariage de Clara, il s'écria d'une voix tonnante :

— Qui épouse-t-elle, misérable ?

— Le seigneur Du Granec, répondit Hervéik, effrayé de l'éclat de cette voix menaçante qu'il crut se rappeler avoir déjà entendue autre part.

— Du Granec ! hurla encore La Fontenelle.

— Oui, Monsieur, continua l'aveugle tout ému ; la noce s'est faite hier, et aujourd'hui Monseigneur Amaury a permis à ses vassaux de venir danser et se divertir dans cette avenue. Maintenant, si vous désirez parler au Baron ou au nouveau marié, vous les trouverez tous deux au château où j'ai eu l'honneur de les rencontrer il n'y a qu'un instant.

La Fontenelle ne répondit rien ; il suffoquait de rage depuis qu'il avait entendu les paroles d'Hervéik, et il ne pouvait se faire à l'idée que Clara, qu'il n'avait respectée qu'en considération de son frère, fût devenue l'épouse de son plus cruel ennemi.

— Oh ! pourquoi, pensa-t-il, ne l'ai-je pas enlevée et épousée de force? Par ce moyen je me rendais maître de sa fortune, qui va devenir la proie de ce misérable Du Granec. Malheureusement, tout entier à ma vie de partisan, j'ai négligé cette femme adorable, qui eût peut-être fait mon bonheur ! A présent, seul et isolé sur mon triste rocher, je n'ai aucune affection, aucun amour qui me fasse tenir à la vie ; je n'ai près de moi qu'un affreux compagnon qui ne me quitte plus... l'ennui !...

Pendant que La Fontenelle se livrait à ses amères réflexions, Quilliec interrogeait de nouveau Hervéik et lui demandait si ce qu'il avait dit, était bien l'exacte vérité.

— Oui, répondit l'aveugle, c'est monsieur Du Granec qui a épousé mademoiselle de Loquevel ; et je ne crains pas de le dire, c'est un brave seigneur qui mérite bien le bonheur qui lui arrive, car il n'oublie pas les malheureux, et tout-à-l'heure encore, quand je suis allé chanter des complaintes dans la cour du château, il m'a fait présent de deux pièces d'or.

La Fontenelle, en entendant les louanges du vieillard, ne put retenir sa colère ; il éclata tout-à-coup et s'élança vers Hervéik avec fureur, comme s'il eût voulu le frapper de sa dague, mais il n'en fit rien ; il se contenta de murmurer d'une voix sourde et terrible cette menace, qui glaça d'effroi le cœur du barde :

— Silence, vieux fou ! et à l'avenir retiens mieux ta langue, ou c'en est fait de ta vie, s'il t'arrive encore de parler jamais de Du Granec !...

Ayant dit ces mots, La Fontenelle tourna bride et fit signe à son compagnon de le suivre.

— O ciel! se dit Hervéik tout effrayé des paroles qu'il venait d'entendre : non, je ne puis me tromper... maintenant je reconnais cette voix... c'est celle de Guy-Eder, car il n'y a que lui seul qui puisse défendre de prononcer le nom de Du Granec...

Enfin, après avoir fait plusieurs autres réflexions sur cette singulière rencontre à laquelle il était si loin de s'attendre, le vieillard quitta sa place et prit aussitôt le chemin de sa chaumière.

Pendant ce temps les cavaliers s'étaient éloignés dans une direction tout-à-fait opposée.

— Allons, Quilliec, dit La Fontenelle, après la nouvelle que je viens d'apprendre, il ne faut plus songer, pour le moment, à nous rendre chez mon frère. Si j'y allais, jamais je n'aurais assez d'empire sur moi pour ne pas provoquer Du Granec au combat, et, tu le comprends, je ne veux point que des scènes violentes aient lieu au château de Beaumanoir.

— Et où voulez-vous donc aller, capitaine ?

— Retourner sur mes pas, et regagner l'île Tristan.

— Mordieu ! s'écria Quilliec tout rouge de colère ; que le diable emporte ce damné de Du Granec, qui est cause que ce soir nous n'allons pas coucher à Beaumanoir, moi qui me faisais une fête de revoir mon ancien maître, le Baron !

— Pour cette fois, il ne faut pas y penser. Oh ! si ma position n'avait pas changé, si j'étais encore La Fontenelle le partisan, je dirigerais bientôt mes vues sur le château du Laz, et m'en emparerais à force ouverte quand j'aurais acquis la certitude que les deux nouveaux époux y auraient établi leur résidence. Voilà de quelle manière je me vengerais de ce mariage ; mais, hélas ! actuellement je ne puis rien faire sans la permission de Henri IV ; j'ai les bras entièrement liés.

Après ces paroles, La Fontenelle piqua des deux et s'élança comme la foudre à

18.

travers la vaste plaine dont nous avons parlé.

— Si cela continue, murmura Quilliec, en mettant aussi son cheval au galop, mon jeune maître deviendra fou ; mais je suis là, moi encore… et si ce malheur arrivait, ajouta-t-il d'un air sinistre, monsieur Du Granec ne serait pas longtemps l'époux de la belle Clara !

Tout en galopant comme un insensé, La Fontenelle ne cessait de se livrer à ses pensées tumultueuses. Il songeait toujours à se venger de Du Granec ; mais il était forcé de renoncer à ses projets, parce qu'il ne trouvait aucun moyen d'exercer sûrement sa vengeance. Et il avait sans cesse devant les yeux la charmante image de Clara qui le poursuivait ; il regrettait la perte de cette riche héritière. Dans son dépit, malgré les immenses richesses qu'il avait enfouies dans l'île Tristan, il se trouvait malheureux et digne de pitié. Toutefois, son imagination surexcitée se calma au souvenir de Marie de Mézarnou, sa jolie cousine. Puis, en la comparant à Clara, il ne put s'empêcher de sourire, car il trouva que cette jeune fille, par sa fortune et par les charmes de sa personne, l'emportait sur mademoiselle de Loquevel.

Alors il pensa avec ivresse au jour où il irait retirer Marie des mains de l'abbesse des Ursulines, à laquelle il avait confié le soin de son éducation jusqu'à l'âge de quinze ans. Ces rêves de bonheur, qu'il s'était bien promis de réaliser, absorbèrent tellement ses facultés, qu'il n'entendit pas Quilliec lui faire l'observation qu'il s'écartait de son chemin et prenait une fausse route.

Arraché enfin à ses rêveries, Guy-Eder, après avoir observé le lieu où il était et s'être orienté facilement, lança son cheval dans la direction de Douarnenez.

CHAPITRE XXV.

HERVÉIK L'AVEUGLE.

Amaury, malgré la haine qu'il savait exister entre son frère et Du Granec, n'avait pas cru devoir contrarier les inclinations de sa filleule, à qui il devait tant de reconnaissance. Il avait vu avec plaisir le fils du comte de Pratmaria rechercher son alliance, car il avait pu apprécier depuis longtemps les sentiments élevés de ce jeune homme, et il entrevoyait pour Clara une certitude de bonheur dans l'avenir. Il avait parfaitement compris que ce mariage, en irritant La Fontenelle, l'éloignerait peut-être à jamais du château de Beaumanoir, où il pourrait craindre de se retrouver avec celui auquel il avait pardonné à Plogastel-Saint-Germain. Malgré ces considérations, le Baron n'était pas homme à pactiser avec son devoir ; aussi répondit-il au Comte, lorsqu'il eut sa visite, qu'en cette circonstance il n'aurait d'autre volonté que celle de Clara.

Mademoiselle de Loquevel accueillit avec joie la demande de son ami d'enfance.

Alors elle se rappela son entretien avec lui, la veille de son départ pour Brest, et se ressouvint des espérances qu'elle lui avait données, lorsqu'il lui avait avoué l'intention où il était de solliciter plus tard sa main.

Clara répondit donc à son parrain qu'elle serait fière de devenir la femme et la compagne de l'homme qui avait aidé Kerollain à sauver Quimper et qui avait tant de fois exposé sa vie pour le salut de son pays.

Le Baron la serra sur son cœur et lui dit qu'il approuvait cette union, parce que Du Granec était brave et vertueux, et qu'en outre, c'était un des meilleurs chevaliers qui eussent jamais porté l'épée en Bretagne.

Quelques jours après, comme nous l'avons dit, eurent lieu les noces qui se célébrèrent à Beaumanoir.

Le Comte, Du Granec et Clara ne voulurent pas quitter immédiatement le Baron après la cérémonie nuptiale ; ils craignirent de laisser leur ami seul avec ses anciennes douleurs, alors que les plaies de son âme n'étaient pas encore assez cicatrisées par le temps. C'est pourquoi, avant de partir pour le Laz où désormais ils devaient habiter ensemble, ils demeurèrent quinze jours chez Amaury. Quand ce terme fut écoulé, il fallut se séparer. Rien ne fut plus touchant que les adieux du Baron et de Clara. Madame Du Granec fondit en larmes et il lui sembla, malgré l'amour qu'elle ressentait pour son mari, qu'elle aurait bien de la peine à vivre loin de son parrain.

Ursule suivit sa maîtresse et quitta aussi Beaumanoir-Eder.

Quant au Baron, il fut sur le point de se trouver mal en voyant s'éloigner sa douce et bonne compagne, car il songea que désormais il serait sans appui et sans consolations, si de nouveaux malheurs venaient à l'atteindre encore. Avant de s'éloigner, on se fit réciproquement la promesse de se visiter chaque année et de s'écrire le plus souvent possible.

En rentrant dans son manoir, tout affaissé sous le poids de son chagrin et en portant ses yeux mouillés de pleurs sur l'habitation de ses pères, Amaury s'effrayait à cause de la solitude dans laquelle il allait se trouver. Alors il songea à son frère, et se demanda s'il serait à son égard plus sévère que le Roi, s'il ne lui pardonnerait pas. Il s'étonnait beaucoup que La Fontenelle, après la pacification, ne fût pas venu le voir, si toutefois il n'avait pas quitté la France.

— S'il reste en Bretagne, pensa-t-il, c'est qu'il aura formé l'intention de faire oublier ses fautes par une vie expiatoire? Peut-être enfin la honte aura-t-elle monté à son front et la rougeur produite par le remords aura-t-elle brûlé son visage? Si mon frère n'était pas revenu à de meilleurs sentiments, il ne faut pas en douter, il eût suivi mes conseils et se serait expatrié. S'il n'est pas venu ici, c'est qu'il redoute ma présence et qu'il a compris la répugnance que j'aurais à toucher sa main encore rouge du sang qu'il a versé. Mais quel que soit l'avenir que Dieu lui réserve, et quelle que soit sa conduite future, s'écria le Baron d'une voix solennelle en jetant les yeux sur le vieil écusson des Beaumanoir, je jure devant les armes de mes nobles aïeux de pardonner à Guy-Eder et de ne jamais lui parler de sa vie passée !

Après ce monologue, le Baron sentit son cœur soulagé ; il rentra dans l'intérieur de son manoir, où, avec son intendant, il s'occupa jusqu'à la fin du jour à disposer les aumônes et les secours qu'il avait coutume de faire distribuer tous les dimanches aux pauvres des paroisses environnantes. Après le départ de Clara, qui jadis se chargeait de ce soin, Beaumanoir comprit que c'était à lui de la remplacer. Il savait d'ailleurs que les bénédictions du pauvre sont un baume puissant pour les profondes blessures du cœur, et il connaissait les joies que procure la charité ! Dans sa retraite, il aurait encore deux appuis qui le rendraient bien fort : d'abord, sa conscience de loyal gentilhomme qui ne lui reprocherait rien ; puis la considération toute particulière dont l'environnait la noblesse de Bretagne.

Le lendemain, qui était un dimanche, on pouvait voir de l'une des fenêtres du château, une longue file de pauvres et d'estropiés s'avançant à travers la grande avenue et s'acheminant vers Beaumanoir-Eder, dont la porte était alors ouverte. Quand ces malheureux eurent franchi le seuil du manoir, ils s'assirent sur des bancs de pierre placés le long des édifices ; mais ils n'y demeurèrent pas longtemps, car la cloche de la chapelle vint les avertir que la messe allait être célébrée à l'instant même.

A ce religieux signal, aussitôt le petit temple fut envahi par la foule. Ceux qui ne trouvèrent pas de place dans l'intérieur s'agenouillèrent sur les pavés de la cour, et assistèrent religieusement à l'office divin.

Parmi ces derniers on pouvait remarquer

un vieillard à la figure vénérable, et dont les lignes du visage offraient un caractère de distinction peu commune. Cet homme avait une longue barbe blanche qui lui descendait jusqu'au milieu de la poitrine. Il était de haute stature et portait à la main un grand bâton ferré, destiné à soutenir ses pas et à diriger sa marche. C'était Hervéik l'aveugle, le vieux barde que nous connaissons déjà.

Ce jour-là, comme il était venu à Beaumanoir dans la compagnie des autres mendiants, il n'avait point avec lui son chien, qu'il avait laissé dans sa chaumière, située à une demi lieue du château. On ne voyait pas attaché sur ses épaules, comme aux jours ordinaires, le vieux sac de peau qui contenait ses complaintes et ses ballades. L'aveugle avait mis ses habits de fête, et à le voir ainsi costumé, on l'eût pris, non pour un indigent, mais pour un cultivateur aisé.

Dès que la messe fut achevée, Amaury, accompagné de son intendant, commença à distribuer ses aumônes. Tous les pauvres, joyeux et pleins de reconnaissance, s'en allèrent en donnant mille bénédictions au Baron, et en priant le ciel pour qu'il accordât de longs jours à leur bon seigneur.

Après leur départ, comme Beaumanoir montait le perron qui conduisait à ses appartements, il fut tout étonné d'apercevoir le vieil Hervéik assis au haut des degrés.

Aussitôt l'aveugle se leva de sa place, et, sans se tromper, il tira humblement son chapeau, comme s'il n'eût pas été privé de la lumière.

— Mille pardons! s'écria-t-il, monsieur le Baron, si vous me trouvez encore ici, et si je ne suis pas sorti avec les autres, mais j'avais à vous parler et à vous entretenir d'une chose que j'ai peut-être eu tort de vous cacher jusqu'à ce jour.

Amaury, après avoir forcé Hervéik à se couvrir, le fit passer dans une des salles basses du manoir.

CHAPITRE XXVI.

LA RÉVÉLATION.

A peine le vieillard, qui connaissait parfaitement bien les êtres du château, se fut-il aperçu qu'il venait d'entrer dans un des appartements, qu'il se découvrit de nouveau.

— Allons, vieil Hervéik, mets-toi dans ce fauteuil, dit le Baron en faisant asseoir l'aveugle. Maintenant, parle avec confiance, que veux-tu de moi ? Viens-tu réclamer la pension que plusieurs fois je proposai de te faire et que, jusqu'à présent, tu as toujours refusée? Avec elle, tu n'aurais plus besoin de courir les foires et les assemblées pour vendre tes ballades, et tu pourrais demeurer tranquille dans ta chaumière avec ton vieux chien. Il est temps enfin de te reposer, car tu es trop âgé pour continuer cette vie fatigante, à laquelle la raison t'ordonne de renoncer. L'homme a besoin de repos, et songes-y bien, tu es arrivé au terme de ta course sur cette terre. Tu dois donc cesser tes excursions lointaines; mais comme tu aimes à composer des guerz et des complaintes, eh bien! tu en feras toujours, et tu les vendras à d'autres, qui iront les chanter et les répandre au loin.

— Non, Monseigneur, repartit le vieillard, ce n'est pas là le motif qui m'amène devant vous. Je vous remercie mille fois de vos bontés et de vos offres bienveillantes; mais je refuse votre proposition et ne puis l'accepter; car si je changeais de genre de vie, si je restais enfermé dans ma chaumière comme vous me le conseillez, j'aurais bientôt quitté ce monde que j'aime encore, malgré l'infirmité qui me prive de tant de jouissances et de tant de bonheurs! Il me faut, voyez-vous, l'air libre des champs, le bruit de la foule, les clameurs des foires et des assemblées; c'est là seulement que je suis content, que je vis, que je respire!... Oui, quand assis à l'ombre d'un vieux chêne, et mon chien à mes côtés, je chante mes guerz et mes ballades à la foule qui m'entoure et m'écoute, je le répète, je me sens vraiment heureux!.... M'arracher à cette existence, me proposer une vie oisive et paisible, ce serait me faire mourir!

L'émotion de l'aveugle fut si vive en prononçant ces paroles, que deux grosses larmes s'échappèrent de ses paupières fermées et coulèrent le long de ses joues flétries.

— Que me veux-tu donc alors, mon pauvre Hervéik? lui demanda le Baron avec sollicitude.

— Rien, Monseigneur.... Je pourrais vous demander votre amitié, si vingt fois, en diverses occasions, vous ne m'aviez prouvé l'affection que vous avez pour moi ; je n'ai donc rien à solliciter de votre bonté. Maintenant, je reviens au motif qui m'amène, et le voici :

Alors le vieillard se mit à raconter tout au long la rencontre qu'il avait faite le lendemain des noces de Du Granec ; il termina en disant qu'il était bien certain que celui qui l'avait menacé n'était autre que La Fontenelle.

— Oui, Monseigneur, je n'ai pu me tromper, s'écria-t-il, je me suis rappelé le son de sa voix, et comme je connaissais sa haine pour monsieur Du Granec, j'ai compris sa colère. Un instant après cette aventure, j'appris de plusieurs paysans que je rencontrai, que les deux cavaliers en question avaient tourné bride et qu'ils avaient pris un chemin opposé à Beaumanoir.

— Mais pourquoi donc Hervéik, demanda le Baron, ne m'as-tu pas plus tôt averti de cet événement ?

— C'est parce que, Monseigneur, j'ai cru ne devoir vous en informer qu'après le départ des nouveaux mariés. Je n'avais oublié ni le massacre de Plogastel, ni Quimper, ni les autres affaires où votre frère s'est trouvé aux prises avec Du Granec ; je devais donc craindre que celui-ci n'apprît ce qui m'était arrivé. En un mot, j'appréhendais un combat singulier entre eux, et j'avais peur que le jeune Pratmaria ne partît sur-le-champ de chez vous pour rejoindre son ennemi. Comme j'avais l'assurance que Guy-Eder avait rebroussé chemin, je pensai que, pour le moment, je pouvais garder le silence.

— C'est bien, Hervéik, je te remercie; tu as agi sagement, dit le Baron; maintenant tu peux te retirer.

En disant ces mots, Beaumanoir, après avoir mis une pièce d'or dans la main de l'aveugle, le congédia. Hervéik ne se retira qu'après avoir souhaité toutes sortes de bonheurs à Amaury.

Celui-ci, tout agité de la nouvelle qu'il venait d'apprendre, demeura pendant quelque temps les yeux fixés sur le vieux pauvre, qui traversait la cour d'un pas presque aussi assuré que s'il n'eût pas été privé de la vue. Il ne se retira de la fenêtre, que lorsqu'il eut vu l'aveugle franchir le seuil du château.

— Oui, s'écria-t-il alors tout ému, c'était bien La Fontenelle! Il venait solliciter son pardon. Mais remercions Dieu mille fois que

Hervéik l'ait arrêté dans sa route, car nous eussions été tous aussi impuissants à empêcher un meurtre ou un combat qu'à réconcilier ensemble Guy-Eder et Du Granec.

En proie à une foule de pensées étranges, tantôt le Baron formait le projet de se rendre à l'île Tristan, tantôt il songeait à écrire à son frère, pour l'inviter à venir faire sa paix avec lui. Et soudain, s'exaltant de plus en plus et oubliant son passé, il se plaisait à se le figurer en sa présence. Bientôt, comme s'il eût été sous le coup d'une hallucination, en regardant un des portraits de ses ancêtres qui tapissaient la salle, il lui sembla que cette image qui, du reste, avait une grande ressemblance avec La Fontenelle, se détachait du cadre et s'élançait vers lui en lui tendant les bras. Amaury, entièrement fasciné, resta immobile paraissant attendre l'étreinte de son frère, jusqu'au moment où il fut rappelé à la réalité par l'arrivée de l'un de ses serviteurs qui vint lui remettre une lettre.

Quand il fut seul et que son émotion fut dissipée, il tressaillit en reconnaissant l'écriture de La Fontenelle. Le partisan lui mandait qu'il s'était mis en route pour venir le voir, mais qu'il avait rebroussé chemin en apprenant le séjour de Du Granec à Beaumanoir. Il lui annonçait encore que, quelques jours après sa rentrée à Douarnenez, succombant sous le poids de l'ennui, il était parti pour Saint-Malo, où il avait été rejoindre Marie de Mézarnou qu'il avait épousée.

« Mon cher Amaury, disait-il en termi-
» nant, depuis longtemps j'aspirais au
» moment de revoir ma jolie cousine que
» j'ai retrouvée plus belle que jamais. A
» l'heure où je vous écris, un prêtre a béni
» notre union. Demain je pars avec elle ;
» nous avons tous deux formé le projet
» d'aller habiter le manoir de Coadélan,
» dont elle a hérité de son père. Désormais,
» je ne compte rester dans mon fort que
» le moins de temps possible. Après avoir
» été roi de Douarnenez, croyez-vous
» qu'on puisse se faire à l'idée de n'être
» plus qu'un simple capitaine ? Adieu ! je
» vous attends à Coadélan.

Cette nouvelle causa une grande surprise

au Baron. Il se persuada que son frère voulait sans doute faire oublier la perfidie dont il avait usé avec la famille Mézarnou, et alors il fit des vœux pour que cette union fût heureuse, et pour que le séjour de Guy-Eder à Coadélan effaçât le temps où il était resté dans l'île Tristan.

CHAPITRE XXVII.

PAUVRE MÈRE.

Quelques jours après les événements que nous venons de rapporter, par une orageuse soirée d'été, monsieur de Parcevaux, sieur de Mézarnou, et sa femme, s'entretenaient après leur souper en se promenant dans la cour de leur manoir.

C'était une belle et noble dame que Renée de Coëtlogon, veuve du sieur Le Chevoir et mère de Marie, l'héritière. L'infortunée, douée de la plus exquise sensibilité, ne pouvait se consoler de l'enlèvement de sa fille si cruellement arrachée à son affection, et en ce moment encore elle faisait éclater ses plaintes à ce sujet.

— Oh ! pourquoi, chère Renée, lui disait Mézarnou, me suis-je absenté de ces lieux pour aller vous chercher à Mesgouez ? Mais qui aurait pu croire que La Fontenelle eût feint de s'éloigner pour revenir pendant mon absence fondre sur mon manoir, et m'enlever, avec ma riche vaisselle, tout ce que nous avions de plus cher au monde : notre charmante Marie ? Je le répète, si j'étais resté ici, ces malheurs ne seraient pas arrivés, et Guy-Eder n'eût jamais osé mettre à exécution ses horribles desseins.

— Ne croyez pas cela, mon ami, répondit madame de Mézarnou; je pense que rien n'eût été capable d'arrêter le barbare ravisseur de Marie ; qu'il aurait employé la force et la violence pour réussir, et que, dans sa furie, il vous eût immolé ainsi que vos gens, si vous aviez voulu vous opposer à cet enlèvement. Votre présence au château eût donc été inutile, et malgré votre courage il vous eût été impossible de résister à ses soldats qui étaient campés à Plounéventer et qui sont venus le rejoindre. Dans l'impuissance où nous étions d'empêcher La Fontenelle d'accomplir ses projets, remercions

Dieu d'avoir permis qu'au moment où le crime a eu lieu, nous fussions absents, car nous eussions sans doute péri dans cette nuit terrible... Depuis, je n'ai eu qu'un regret, c'est de n'avoir pas emmené Marie avec moi au Mesgouez, comme j'en avais eu la pensée ; maintenant au moins, nous l'aurions encore près de nous, et cet ange de bonté et de douceur n'eût point été enlevé à nos caresses !

En prononçant ces mots avec une grande émotion, la pauvre mère versa d'abondantes larmes et ne put comprimer son désespoir et sa douleur.

—Pourquoi vous désoler ainsi, ma chère Renée, dit Mézarnou ; n'avez-vous pas déjà assez pleuré votre enfant ? N'est-il pas temps de devenir raisonnable ? Pour une dernière fois, je vous en prie, ne parlons de cet événement que le moins possible, puisque nos regrets sont inutiles. D'ailleurs, Marie eût-elle été absente quand La Fontenelle est venu, qu'elle ne lui eût pas pour cela échappé ? Plus tard, il se serait emparé de sa proie.

— Encore s'il ne nous eût enlevé que

nos richesses ! Hélas, depuis la perte de notre fille, nous n'avons eu que deux fois de ses nouvelles et ces lettres n'étaient pas d'elle, mais de la main de l'abbesse des Ursulines.

— La Fontenelle, sois-en sûre, mon amie, avait donné des ordres pour que Marie ne pût correspondre avec nous, et nous avons aussi la certitude qu'il a toujours fait intercepter nos lettres. Je regrette beaucoup que, quand il a eu l'audace de nous écrire de Saint-Malo, vous m'ayez empêché de me rendre à l'île Tristan où je voulais aller le provoquer au combat. Oh! qu'il m'eût été doux de me venger du sanglant outrage qu'il m'a fait ! S'il eût accepté mon défi, peut-être, avec le secours de Dieu, aurais-je été assez heureux pour débarrasser la Cornouaille de ce brigand?

— Certes, si vous aviez réussi à délivrer le pays de cet homme, votre bravoure et votre audace eussent été admirées de tout le monde. Quant à moi, tout en partageant votre juste indignation, je n'ai point consenti à vous laisser partir : je connaissais trop notre perfide ennemi pour permettre que vous allassiez le provoquer dans son île. Le traître, au lieu d'accepter loyalement votre combat, vous eût fait saisir par les siens et vous eût condamné aux plus affreux supplices.

Mézarnou ne répondit pas ; il garda le silence pendant quelque temps, puis il reprit :

— Je ne vous blâme pas, ma chère Renée, de vous être opposée à mes projets de vengeance, car je sais que vous ne l'avez fait que par amour pour moi. Parce que vous trembliez pour mes jours, non seulement j'ai cru devoir vous obéir, mais encore j'ai renoncé à l'idée que j'avais eue d'abord de porter plainte au Roi, en lui dénonçant la conduite déloyale de notre cousin. En un mot, j'ai eu peur que Guy-Eder ne se vengeât sur vous et sur Marie de ma dénonciation, et qu'il ne revînt encore porter le deuil et la désolation au sein de ma famille. Voilà ce qui m'a fait garder le silence sur ce funeste événement.

— Je ne saurais trop vous remercier de votre modération. En m'obéissant, vous avez compris que dans les temps où nous vivons la force et la violence peuvent tout, et que malheureusement les lois et la justice sont illusoires et presqu'impuissantes.

— Cependant actuellement que La Fontenelle est gouverneur de Douarnenez et que la Bretagne est pacifiée, nous n'avons plus à craindre sa vengeance et ses fureurs ; il a perdu sa puissance et son prestige ! J'ai donc résolu de me rendre secrètement à Saint-Malo, afin d'arracher Marie du couvent où elle est retenue. Si plus tard son lâche ravisseur osait de nouveau user de violence avec elle, je ne balancerais pas alors à porter plainte contre lui devant le maréchal de Brissac. Que La Fontenelle prenne garde à lui ! le parlement de Rennes ne l'a point oublié, et la famille La Villerouaut n'a pas perdu l'espoir de se venger de ses outrages ! Il faut qu'à tout prix j'empêche le mariage dont il nous a menacé... N'oublions pas que Marie vient d'atteindre sa quinzième année !

— Et quand comptez-vous partir ? demanda madame de Mézarnou tout émue.

— Je partirai demain, mon amie, et rien ne pourra me détourner de ce voyage. Je me sens effrayé à l'idée que Marie puisse être un jour malheureuse, et qu'elle épouse un homme dont les mains sont teintes de sang.

— Dieu permettra, j'en ai la conviction, que vous réussissiez dans votre sainte entreprise! s'écria madame de Mézarnou.

Après cette réponse, tous deux continuèrent en silence leur promenade.

En ce moment, neuf heures sonnèrent à la chapelle du manoir. La nuit était tout-à-fait venue. Le ciel était sombre et la lune entièrement voilée sous d'épais nuages chargés d'électricité. Plus la soirée s'avançait, et plus la chaleur devenait insupportable et étouffante; de lumineux éclairs sillonnaient les ténèbres et de temps en temps le tonnerre grondait dans l'éloignement. Bientôt de larges gouttes de pluie ne tardèrent pas à tomber, et l'orage commença à mugir et à menacer les campagnes environnantes.

Monsieur et madame de Mézarnou furent donc contraints de rentrer chez eux. Avant de se retirer dans leur chambre à coucher, ils entrèrent un instant dans la grande salle du rez-de-chaussée, où ils reprirent leur entretien.

Aussitôt une jeune fille, qui portait de grands flambeaux allumés, pénétra dans l'appartement. Cette servante n'était autre que l'infortunée Marguerite, qui était devenue folle de terreur, le jour où La Fontenelle avait enlevé Marie. La pauvre fille, après ce malheur, avait été accueillie par ses maîtres qui, à force de soins et de bons traitements, avaient eu la consolation de la ramener à la raison. Dans la suite, lorsqu'elle demanda ce qui s'était passé, on lui dit que La Fontenelle, en sortant de Mézarnou, avait été pris et conduit dans les prisons de Brest. On lui raconta aussi que Marie, après son enlèvement, s'était réfugiée à son château de Coadélan; que de là, elle avait désiré aller faire son éducation aux Ursulines, et que sa demande ayant été accueillie, elle avait été conduite à Saint-Malo par un de ses oncles. Cette fausse version parut satisfaire Marguerite, dont la santé se raffermit tout-à-fait. Seulement, bien souvent elle demandait des nouvelles de Marie et s'informait du jour où elle reviendrait à Mézarnou.

A peine Marguerite fut-elle entrée, qu'un

éclair illumina toute la salle et qu'un épouvantable coup de tonnerre se fit entendre. Le manoir trembla depuis le faîte jusqu'à sa base, et la pluie tomba par torrents.

— Voilà un temps bien affreux, s'écria Mézarnou en ouvrant une des fenêtres pour donner un peu d'air. Quelle chaleur accablante !...

Soudain, on frappa au-dehors. La porte retentit violemment et on entendit le hennissement d'un cheval.

— Avez-vous entendu, mon ami? dit madame de Mézarnou, ce sont sans doute des voyageurs qui demandent l'hospitalité.

— Eh bien! ils ne frapperont pas en vain ; ils seront les bienvenus ce soir dans ce château, et les gardes qui logent dans les pavillons à l'entrée de mon parc, ont bien fait de ne pas laisser dehors ces étrangers.

Au même instant, le concierge vint avertir qu'un jeune seigneur et sa femme demandaient la permission de passer la nuit au manoir.

Aussitôt la porte fut ouverte, et les deux

voyageurs furent introduits dans la cour. L'étranger, après avoir mis pied à terre le premier, s'élança vers la dame qu'il accompagnait, et s'empressa de l'aider à descendre de cheval. Deux valets seulement servaient d'escorte aux nouveaux venus. A cette vue, Mézarnou, suivi de plusieurs de ses domestiques munis de flambeaux, s'avança à la rencontre de ses hôtes.

En ce moment la pluie ne tombait plus avec autant de force, mais le ciel était toujours en feu et la cour du château traversée par de fréquents éclairs.

Le cavalier, ayant alors pris la main de la dame, se dirigea vers le vestibule. A peine fut-il sur le seuil, que Marguerite, folle d'effroi, poussa un cri terrible en reconnaissant le ravisseur de Marie.

— La Fontenelle! La Fontenelle, oui, c'est encore lui! Prenez garde, s'écria-t-elle.

Puis en prononçant ces mots, elle tomba évanouie au milieu des domestiques qui, presque aussi effrayés qu'elle, la laissèrent étendue sur le sol sans songer à la secourir.

CHAPITRE XXVIII.

RETOUR A MÉZARNOU.

C'étaient en effet La Fontenelle et Marie Le Chevoir qui arrivaient ainsi pendant l'orage à Mézarnou.

Comme il l'avait annoncé à son frère, le capitaine avait quitté Douarnenez, et s'était rendu à Saint-Malo pour épouser la jeune héritière. Le mariage avait eu lieu huit jours après son arrivée, et cette union avait été bénie par un prêtre attaché au couvent des Ursulines. Bien que Marie n'eût pas revu La Fontenelle depuis longtemps, cependant elle n'avait pu oublier les étranges histoires qu'elle avait entendu raconter sur son compte, ni la nuit où il l'avait arrachée des bras de Marguerite. Quant aux actes de la vie de son cousin qui s'étaient passés après son enlèvement, elle n'en avait point eu connaissance.

La Fontenelle, en partant de Saint-Malo pour retourner à l'île Tristan, avait défendu à l'abbesse de ne jamais parler à Marie de ses faits de guerre passés ou futurs. Il avait aussi fait croire à celle-ci que ce n'était que d'après les ordres de son père et de sa mère, qu'il l'avait conduite au couvent; qu'il avait demandé et obtenu sa main; qu'enfin il reviendrait l'épouser quand elle aurait terminé son éducation et atteint sa quinzième année. Il avait eu soin de recommander à mademoiselle De Romar d'intercepter les lettres venant de Mézarnou, et d'empêcher qu'elles n'arrivassent jusqu'à sa cousine. Il avait ajouté que quant à cette dernière, elle était libre d'écrire, mais à la condition expresse que toutes ses lettres seraient saisies et anéanties immédiatement.

La Fontenelle, s'étant aperçu que mademoiselle De Romar, vivement contrariée, se disposait à lui faire des représentations, l'avait enveloppée d'un de ces regards sinistres qui font frissonner, et lui avait déclaré que si elle refusait de lui obéir, les plus grands malheurs ne manqueraient pas de fondre sur la communauté qu'elle dirigeait.

L'abbesse, désolée de la responsabilité qui pesait sur elle, aurait voulu prétexter que les réglements de son ordre lui défendaient de recueillir une jeune fille sans le consentement par écrit de ses parents, mais elle n'osa répliquer. Elle craignait d'ailleurs, par ce refus, de s'attirer l'inimitié de son frère, le sieur De Romar. Elle promit donc de se conformer aux ordres qui lui étaient donnés, et, comme on l'a vu, elle tint religieusement ses promesses.

L'Héritière ne fut donc pas aussi surprise qu'on a pu s'y attendre, lorsqu'au bout de trois ans, elle vit arriver le capitaine aux Ursulines. Peu à peu elle oublia son passé, et ne vit en lui que son cousin, l'un des plus beaux gentilshommes qu'elle eût jamais rencontrés dans sa vie. Aussi, n'hésita-t-elle pas à lui donner sa main et à le suivre à l'autel.

Guy-Eder, habile comme il l'était, sut environner Marie de tant de soins et d'égards que bientôt celle-ci l'aima passionnément.

Deux jours après leur mariage, les époux étaient partis de Saint-Malo sur un navire qui allait à Morlaix. Leur voyage s'effectua heureusement. Ils ne séjournèrent qu'un seul jour dans cette dernière ville, et en partirent le lendemain dans l'intention de venir coucher à Mézarnou. C'est ainsi que montés sur de bons chevaux et escortés de deux valets, ils s'étaient mis en route, quand l'orage vint les surprendre à une lieue de leur destination.

Si l'effroi de Marguerite en apercevant La Fontenelle fut terrible, l'émotion que ressentit Mézarnou à la vue du ravisseur de Marie fut peut-être aussi forte, quoique d'une autre nature. Soudain sa pensée se reporta sur l'affront que lui avait fait son parent. Un moment il resta comme immobile et comme anéanti par la colère. Son visage pâlit et se couvrit d'une sueur froide;

mais bientôt faisant un effort sur lui-même, il reprit tout son sang-froid et parvint à maîtriser sa fureur. Ses regards se portèrent alors sur sa femme qui, glacée d'épouvante, venait de reconnaître La Fontenelle. Que devint-il, lorsque dans la dame qui suivait celui-ci, il reconnut Marie, qu'il la vit s'élancer dans les bras de sa mère et la couvrir de baisers.

La frayeur qu'avait éprouvée madame de Mézarnou sembla disparaître instantanément avec les embrassements de sa fille. Elle ne vit plus rien; La Fontenelle même semblait avoir disparu. Elle n'avait plus d'yeux que pour son enfant chérie, dont, pendant trois ans, elle avait été privée.

Guy-Eder, sans paraître aucunement ému, profita de ce moment pour se débarrasser de son manteau tout ruisselant de pluie, qu'il jeta à ses valets; puis, après leur avoir fait signe de se retirer, il suivit Mézarnou dans la salle où venait d'entrer Marie.

Celle-ci, assise sur les genoux de sa mère, continuait à lui prodiguer les plus vives caresses.

Madame de Mézarnou fondait en larmes ; jamais encore elle n'avait ressenti un aussi grand bonheur !...

En cet instant, Marguerite toujours évanouie fut enlevée par les domestiques et transportée dans sa chambre.

Quand la porte de la salle du rez-de-chaussée fut fermée, Mézarnou, malgré tous ses efforts pour paraître calme, sentit la colère lui revenir au cœur, et s'avançant vers La Fontenelle, les lèvres serrées et les yeux flamboyants, il s'écria :

— Pendant que madame de Mézarnou et sa fille causent ensemble, monsieur de La Fontenelle voudrait-il bien m'accorder un entretien particulier ?

— Je suis désolé, Monsieur, répondit Guy-Eder avec un étrange sourire, d'être forcé de vous le refuser pour le moment. Plus tard, soyez-en sûr, je m'empresserai de me mettre entièrement à vos ordres. Quant à présent, il me semble que c'est à moi qu'il appartient d'expliquer ma brusque arrivée chez vous.

En parlant ainsi, il se mit à raconter en détail son séjour à Saint-Malo, son mariage et les événements qui l'avaient suivi. Puis, en terminant ce récit, il ajouta en s'adressant à madame de Mézarnou :

— Les vêtements de Marie sont tellement traversés par la pluie et elle est si lasse de son voyage, que je vous prie, Madame, de permettre qu'à l'instant même je la conduise jusqu'à sa chambre. Lorsqu'elle aura changé d'habits, elle viendra nous rejoindre. Pendant ce temps, j'aurai l'honneur de vous entretenir de plusieurs affaires importantes.

L'héritière, après avoir été embrasser sa mère et son beau-père, essaya encore de demeurer avec eux quelques minutes, mais, sur la prière de son mari, elle sortit aussitôt avec lui de la salle.

En agissant ainsi, La Fontenelle avait un but : il désirait empêcher sa femme d'assister à la scène violente qui menaçait d'éclater, car depuis son arrivée, il voyait le feu de la colère briller dans les yeux de son hôte. Il avait donc résolu, quand Marie serait montée à sa chambre, de l'obliger immédiatement à se coucher, puis de descendre seul essayer de faire tête à l'orage. Il voulait, en un mot, qu'elle ignorât les atrocités de sa vie, et il appréhendait de ne pouvoir se maîtriser en sa présence, si Mézarnou venait à le provoquer et à l'accabler d'injures.

Madame de Mézarnou fit porter sur-le-champ des rafraîchissements à sa fille. La Fontenelle n'eut pas de peine à faire coucher Marie. Aussitôt qu'elle fut au lit, il lui dit qu'il allait descendre pour aller souhaiter le bonsoir aux maîtres du château, et qu'il remonterait ensuite près d'elle.

Lorsque le capitaine rentra dans la salle, monsieur et madame de Mézarnou paraissaient extrêmement agités, et il était facile de voir que chez le châtelain cette agitation n'était causée que par la fureur qui grondait en son âme. Bien certainement, si jusqu'ici il était parvenu à se contenir, il ne l'avait fait que parce qu'il avait craint d'effrayer sa femme et sa belle fille.

Quant à madame de Mézarnou, elle avait été si saisie de l'arrivée soudaine de Marie, qu'elle avait peine à croire à la réalité des événements de cette soirée. Et puis aussi, elle tremblait pour la sûreté de son mari et pour le bonheur de son enfant, qui allait être encore arrachée de ses bras, et forcée de suivre La Fontenelle. Cependant, son inquiétude disparaissait, quand elle regardait le noble visage de son gendre et ses allures de vrai gentilhomme, car alors elle ne pouvait croire que ce beau cavalier fût bien l'exterminateur des Communes et le fléau de la Cornouaille.

CHAPITRE XXIX.

LA JUSTIFICATION.

A peine Guy-Eder fut-il dans la salle, que Mézarnou, hors de lui, s'élança à sa rencontre, et lui saisissant le bras avec force :

— Monsieur de La Fontenelle, s'écria-t-il d'une voix menaçante, vous êtes un lâche et un misérable !

— Monsieur de Mézarnou, repartit Guy-Eder en jetant sur le châtelain un regard dont l'expression était à la fois dédaigneuse et satanique, aujourd'hui, en mettant les pieds dans votre manoir, j'ai fait le serment de ne point m'irriter de vos injures et d'éviter toute querelle avec vous.

— Oui, vous êtes un lâche, répéta Mézarnou, et maintenant, quelques bonnes actions que vous puissiez faire, vous ne réussirez point à vous laver de toutes vos souillures, car partout où vous vous êtes montré, toujours vous avez été perfide et déloyal ! Pourrez-vous jamais vous justifier de l'odieux enlèvement de Marie ? Au moins, si, après avoir feint de vous être retiré pour mieux exécuter votre exécrable projet, vous ne vous fussiez emparé que de mon argent et de ma vaisselle, j'aurais dit : Guy-Eder est un pillard comme tant d'autres gentilshommes ; mais non, vous enlevez notre enfant, et pour assurer l'exécution de ce rapt, vous vous faites accompagner d'une soixantaine de soldats. Vous la conduisez à Saint-Malo, et, fort de la crainte que vous inspirez à cause des deux mille hommes auxquels vous commandez, vous nous écrivez une lettre menaçante, sachant que nous sommes impuissants à vous atteindre et à vous faire rendre notre bien. Puis enfin, après nous avoir bravés et fait craindre votre vengeance, vous avez l'audace de venir nous présenter votre malheureuse femme, que vous avez eu la scélératesse d'épouser sans notre consentement. Cependant, sachez-le bien, si je n'ai pas été vous provoquer dans votre île après votre crime, je n'ai été arrêté ni par votre puissance ni par crainte de votre personne. Seulement, à mon grand regret, j'ai été forcé de céder aux prières de madame de Mézarnou. Mais, ajouta le châtelain en frémissant de colère, à présent que le Roi vous a absous, et que vous êtes capitaine à son service, je saurai vous contraindre à me rendre raison du sanglant outrage que vous avez fait à mon honneur!

Mézarnou prononça ces paroles avec une grande véhémence. Sa femme, pâle et tremblante, se jeta en ce moment entre lui et La Fontenelle pour essayer d'apaiser l'orage prêt à éclater.

Celui-ci, maître de lui en apparence, parut presque insensible aux injures et au défi de Mézarnou.

— Maintenant, Monsieur, que vous avez

exhalé votre colère, s'écria-t-il, veuillez aussi écouter ma justification. Quant à vous, Madame, rassurez-vous, je le jure, ni vous, ni votre mari, vous n'avez rien à craindre de moi.

— Vos soldats ne sont donc pas cachés, cette fois, dans les landes de Plounéventer ? dit Mézarnou.

— Non, monsieur, répondit froidement La Fontenelle, je n'ai ici que les deux serviteurs qui m'accompagnaient quand je suis arrivé chez vous.

— Allons donc, justifiez-vous si vous le pouvez ! s'écria le châtelain avec une agitation croissante.

La prunelle fauve et scintillante de La Fontenelle jeta en cet instant un éclair qui glaça d'épouvante la mère de Marie ; mais il ne fut que passager et presque aussitôt sa physionomie reprit son expression de froideur hautaine.

— Tout-à-l'heure, dit-il en s'adressant à monsieur et à madame de Mézarnou, j'ai fait retirer votre fille, car je craignais que cette scène violente ne vînt à éclater devant elle. Elle ne devait pas entendre les injures

et les outrages dont je viens d'être accablé...
Ç'eût été lui faire endurer des souffrances
que la pauvre enfant ne méritait pas...
Maintenant, je vous l'ai dit, mon sort est
lié au sien... Ma vie sera la sienne et nos
existences seront confondues. Comme elle
ignore entièrement mon passé, je veux que,
pour son bonheur, ma vie lui soit cachée.
En effet, ce qu'elle sait de moi, elle ne l'a
appris que par des ballades ou par les
contes qu'elle a entendu raconter dans son
enfance. Aussi, à peine y ajoute-t-elle foi !
A ses yeux, je suis le brave Guy-Eder, le
partisan, dont les aventures ont été si
extraordinaires que mon nom est devenu
célèbre dans toute la Bretagne. Connaissant
votre tendre amitié pour Marie, je viens
vous supplier de ne point empoisonner son
avenir, en déchirant le voile qui me recouvre.
Je n'essaierai pas de me justifier devant vous
d'aucun de mes actes : je vous dirai seulement que quand je vins ici avec soixante
de mes gens, je ne les pris que parce que
je craignais de rencontrer dans les environs
des soldats de la garnison de Brest. Je ne
venais de ces côtés que pour m'entendre

avec des espions que j'entretenais dans la ville de Landerneau, et qui me rendaient compte des menées de Sourdéac. En un mot, j'appréhendais une autre attaque ; c'est pourquoi j'étais bien aise d'être instruit des projets de mon ennemi et d'être fixé sur les ressources dont il pouvait disposer. Etant venu si près de Mézarnou, je songeai alors à la promesse que je vous avais faite de venir vous voir, mais sans aucune arrière-pensée d'enlever votre fille. Ce ne fut qu'après l'avoir vue, que l'idée de la ravir me vint à l'esprit. A peine donc eus-je considéré Marie, que sa rare beauté fit sur moi une impression telle, que je jurai de la posséder à quelque prix que ce fût. Depuis longtemps je sentais que j'avais besoin d'une affection réelle... l'existence me pesait et mon âme était vide ! Il me fallait une compagne qui m'aidât à me soutenir au milieu des dégoûts et des ennuis qui commençaient à m'assaillir. J'eus d'abord, je l'avoue, l'intention de vous demander votre fille en mariage ; mais, en pensant à mes antécédents, j'y renonçai, persuadé d'avance de votre refus. Voyant donc qu'il fallait prendre un parti extrême, je formai le projet d'enlever ma cousine pendant la nuit, après le départ de monsieur de Mézarnou. Je mis à exécution ce que j'avais résolu, et vous n'avez à me reprocher que cet enlèvement, car je le déclare hautement, je ne suis pour rien dans le vol de votre argenterie, ni dans le pillage de votre château.

Mézarnou, plein d'étonnement, s'apprêtait à répondre à ces dernières paroles, mais La Fontenelle ne lui en donna pas le temps, il poursuivit sa justification.

— Pendant que j'étais occupé à décider Marie à me suivre, quelques-uns de mes soldats, excités par l'amour de la rapine, pillaient à mon insu votre manoir et emportaient avec eux vos meubles et votre riche vaisselle. Ce ne fut qu'à mon retour à l'île Tristan que j'appris ce qui s'était passé.

— Et toutes ces richesses qui représentaient une somme d'environ 40 mille écus, dit impétueusement Mézarnou, vous vous les êtes appropriées, malgré votre prétendue innocence?

— J'avais formé le projet de vous restituer

ce qui vous appartenait, continua La Fontenelle avec une froideur dédaigneuse, car, avec les immenses richesses que j'avais enfouies dans mon fort, que me faisait votre vaisselle? J'avais donné des ordres pour que tout vous fût rendu; mais malheureusement pour vous et pour moi, des événements de tous genres m'ont empêché d'effectuer cette restitution. En un mot, ce furent les incessantes agitations dont ma vie a toujours été pleine depuis, qui furent cause de ce qui se passa. Aujourd'hui, que je n'ai plus à m'occuper que de mes affaires personnelles et du bonheur de Marie, je vous donne l'assurance qu'à mon retour à Douarnenez, je vous ferai remettre votre vaisselle ainsi que les autres parties de votre mobilier qui vous ont été dérobées. Dans quatre jours au plus, vous rentrerez en possession de ces objets, qui sont demeurés intacts et tels qu'ils étaient lorsque vous en étiez maître.

Pendant ce discours, Mézarnou écoutait en silence, mais avec un air d'une grande incrédulité.

— Autant que je l'ai pu, ajouta Guy-Eder,

j'ai soutenu la Ligue en cette province. J'aurais vivement désiré voir mon pays se détacher de la France et reprendre son ancienne indépendance sous ses Ducs ; mes rêves, hélas ! ne se sont point réalisés. Demain je retournerai à Douarnenez, puis, dans quelques jours, j'irai avec Marie habiter Coadélan. Ces projets, je les accomplirai, à moins que vous ne veniez vous y opposer en apportant le trouble et la discorde dans notre union. De temps en temps, votre fille viendra vous visiter à Mézarnou, et elle y demeurera autant que vous le désirerez. Quant à moi, comme ma présence pourrait vous être désagréable, je vous déclare que je ne troublerai jamais votre tranquillité en venant séjourner chez vous !

Cette défense hypocrite, débitée avec beaucoup de calme et avec un ton empreint d'une grande apparence de vérité, causa la plus grande surprise à monsieur et à madame de Mézarnou. Cependant ni l'un ni l'autre ne furent dupes des belles paroles de La Fontenelle, et bien qu'ils ne pussent se communiquer leurs réflexions, ils prirent intérieurement la résolution de dissimuler.

Certes, il était bien cruel pour eux d'être contraints de subir le mariage qu'il leur avait imposé ; mais pouvaient-ils le rompre? Tous deux comprenaient qu'il ne leur restait plus qu'à se résigner et à se recommander à Dieu pour le reste.

Quoique Mézarnou se fût aperçu que l'explication qui venait de lui être donnée n'était qu'un tissu de faussetés, cependant il refoula prudemment sa colère en lui-même, pensant avec raison qu'il ne gagnerait rien à irriter encore par de nouvelles provocations une nature comme celle de son gendre. Il se contenta donc de cette réponse.

— Si, comme vous le dites, vous rendez Marie heureuse, l'exécution de cette promesse sera plus agréable pour moi et pour madame de Mézarnou que celle que vous nous avez faite de nous rendre notre vaisselle.

— Une mère pardonne tout à l'homme qui se consacre au bonheur de son enfant! s'écria madame de Mézarnou.

— Vous jugerez plus tard de la vérité de mes paroles, dit Guy-Eder.

En prononçant ces mots, il s'inclina respectueusement devant les deux époux, et après leur avoir souhaité le bonsoir, il fut rejoindre Marie.

Dans cette circonstance difficile, il ne fut nullement embarrassé sur la conduite qu'il devait tenir en présence des parents de sa femme, dont il voulait essayer de se rapprocher peu à peu, au lieu de s'en faire d'irréconciliables ennemis. Jamais il n'avait eu l'intention d'user de violence avec eux : d'abord, en considération de Marie qu'il aimait beaucoup, puis aussi, à cause du baron de Beaumanoir. Enfin, il était bien aise qu'en cette occasion, la noblesse du pays apprît la conduite qu'il avait tenue avec son beau-père. Il chercha donc, dans sa première visite, à dénaturer les faits et à pallier sa faute.

Onze heures sonnaient alors à la chapelle du manoir. L'orage avait entièrement cessé; le ciel était parsemé d'étoiles et la lune, dégagée de nuages, répandait ses molles lueurs sur la campagne.

CHAPITRE XXX.

LE CHATEAU DE COADÉLAN.

Deux années s'étaient écoulées depuis les événements que nous venons de raconter au précédent chapitre.

On était au mois de mai de l'année 1600.

La Fontenelle ne faisait plus que de rares apparitions à Douarnenez, dont il avait laissé le commandement à La Boulle. Il habitait avec Marie le château de Coadélan.

où son existence était bien différente de celle qu'il avait menée jusque-là. Il vivait maintenant comme un paisible gentilhomme retiré dans ses terres. Rien, en effet, n'était comparable au bonheur qu'il goûtait près de sa femme qui l'idolâtrait, et dont l'amour pour lui croissait de jour en jour. L'ancien partisan était donc alors aussi heureux qu'il pouvait l'être avec une organisation comme la sienne, car il avait deux personnes à aimer sur la terre : sa femme et son frère le baron de Beaumanoir. Depuis son séjour à Coadélan, sa nature féroce semblait l'avoir abandonné. Aussitôt son arrivée à Douarnenez, il s'empressa de rassembler toutes les pièces d'argenterie provenant du pillage de Mézarnou, et les renvoya immédiatement à son beau-père. Quilliec fut chargé de cette mission.

Quelque temps après ces événements, De Romar, ne pouvant plus vivre en bonne intelligence avec son collègue La Boulle, se démit de ses fonctions de lieutenant.

La Fontenelle voulant le récompenser des importants services qu'il lui avait rendus, le nomma intendant des châteaux de

Coadélan, de Trébriant et de tous les biens provenant de la succession de Marie Le Chevoir.

De Romar balança un moment s'il devait accepter cette place ; il se demanda si une pareille occupation pourrait lui convenir et s'il ne ferait pas mieux de continuer sa vie militaire ; mais après réflexion, il renonça à abandonner son capitaine, car il lui répugnait d'aller servir sous un autre chef.

Il accepta donc avec reconnaissance une position si peu en rapport avec ses goûts (1).

Le domestique de La Fontenelle à Coadélan ne se composait que d'un très-petit nombre de serviteurs ; il n'avait conservé

---

(1) Il existe aux archives de Saint-Brieuc une liasse renfermant les papiers concernant la succession vacante de Guy-Eder, sieur de La Fontenelle et de Coadélan ; mais elle ne renferme que les comptes de Jean De Romar, l'un de ses officiers de confiance et son principal mandataire. Tous les curieux renseignements qui y étaient déposés, et qui eussent été si précieux pour l'histoire, ont été enlevés et anéantis par la famille de La Fontenelle.

avec lui que quelques soldats fidèles qui avaient voulu le suivre dans cette nouvelle résidence. Marguerite seule, la gouvernante de Marie, avait refusé d'accompagner sa maîtresse, à cause de l'effroi invincible que lui inspirait La Fontenelle.

Le baron de Beaumanoir, quelques jours après la réception de la lettre de son frère, s'était empressé de se rendre à Coadélan pour faire sa paix avec lui. En cette occasion, aucun blâme ne sortit de sa bouche, et il évita entièrement de revenir sur le passé. Il avait compris que des reproches ne feraient qu'irriter Guy-Eder.

Celui-ci lui sut gré de ce silence, et depuis, tous les deux parurent se chérir comme si jamais aucun orage ne fût venu troubler leur amitié.

Amaury avait été également rendre ses devoirs à monsieur et à madame de Mézarnou avec lesquels il avait toujours eu d'excellents rapports, et son cœur avait tressailli de joie en apprenant que les richesses enlevées par son frère leur avaient été restituées intégralement. Le Baron ne put demeurer à Coadélan aussi longtemps qu'il l'avait projeté. La veille, il avait reçu une lettre de Du Granec, qui lui annonçait la mort du comte de Pratmaria.

L'époux de Clara l'invitait à vouloir bien se rendre au plus vite au Laz, pour assister aux funérailles de son père.

Beaumanoir fit sur-le-champ ses préparatifs de départ ; il se faisait un devoir de se rendre à cette invitation. Il n'avait pu oublier les consolations que Pratmaria lui avait prodiguées autrefois, et il aurait été bien heureux de pouvoir quelque jour s'acquitter avec cette famille. Le Baron était un ami véritable et dévoué, une de ces âmes d'élite, si rares sur la terre. Les douleurs de ceux qu'il affectionnait, devenaient toujours les siennes. Personne ne savait mieux consoler, car nul n'avait plus souffert que lui.

Guy-Eder, en apprenant la mort du Comte, avait gardé un profond silence ; il avait respecté le chagrin de son frère, mais, au seul nom de Du Granec, ses vieux instincts de haine s'étaient réveillés et toutes ses mauvaises passions s'étaient rallumées. Il s'était senti frémir de rage, parce qu'il se voyait muselé et dans l'impossibilité de se venger. Il est difficile de comprendre l'horrible souffrance qu'il éprouva en faisant ces réflexions. Puis enfin, il se reprocha encore d'avoir fait grâce à Du Granec, alors qu'il le tenait en sa puissance dans les cachots de l'île Tristan. En l'envoyant à la mort, il l'eût empêché au moins de devenir l'époux de Clara. Pendant que cette sourde fureur grondait au fond de son âme, ses yeux d'aigle s'étaient allumés d'un feu terrible; il avait le regard du démon!

Amaury, occupé à lire la lettre qui lui annonçait la mort du Comte, ne s'aperçut pas de la violente émotion de La Fontenelle. Lorsqu'il eut achevé sa lecture, la physionomie de celui-ci était redevenue calme et exprimait une sorte de tristesse indéfinissable.

Le lendemain, les premiers rayons du matin blanchissaient l'horizon et les oiseaux commençaient à peine leurs concerts joyeux, que déjà deux hommes, conversant ensemble, foulaient les herbes couvertes de rosée de la grande avenue de

Coadélan. L'un était à cheval, l'autre à pied. Le premier de ces personnages était Amaury de Beaumanoir ; le second, La Fontenelle.

Comme la lettre était arrivée fort tard dans la soirée, le Baron, n'ayant pas eu le temps de prendre congé de Marie, avait chargé son frère de lui faire connaître la cause de ce brusque départ. La Fontenelle, après avoir conduit son aîné à une certaine distance et lui avoir fait ses adieux, resta pendant un moment dans la même place, le regardant s'éloigner au grand trot de son cheval.

— Va consoler Clara et Du Granec, Amaury, murmura-t-il ; pour moi, si je t'accompagnais au Laz, je n'y apporterais que la mort !... Rien ne saurait arrêter mon ressentiment !... Je provoquerais Du Granec au combat, et je ne sais, mais quelque chose me dit que, comme son ami Treffilis, il tomberait sous mes coups et que le prêtre aurait à célébrer à la fois les funérailles du père et du fils !...

Ayant prononcé ces paroles avec cette animation qui lui était habituelle, il reprit à grands pas le chemin de son manoir et se trouva bientôt en face même de Coadélan. Avant de pénétrer dans la cour, il jeta un regard attristé sur l'édifice qui était devant lui, comme si tout-à-coup un fatal pressentiment l'eût averti que cette paisible demeure, la seule où depuis dix ans il eût goûté un peu de repos, ne devait pas être longtemps la sienne.

CHAPITRE XXXI.

LE CHATEAU DE COADÉLAN (Suite).

C'était une belle gentilhommière que Coadélan, appartenant depuis nombre d'années à la famille Le Chevoir (1). Cette propriété, dont avait hérité Marie, était située à une demi-lieue du village de Prat, près la ville de Tréguier. Elle ressemblait à presque tous les manoirs bretons construits à

---

(1) C'est un manoir de la fin du 15ᵉ siècle, parfaitement bien conservé de nos jours.

cette époque, c'est-à-dire qu'elle se composait d'un vaste corps-de-logis rectangulaire, dont les deux extrémités étaient défendues par deux pavillons en saillie. Au centre se trouvait une élégante tourelle renfermant l'escalier. Tout près était la principale porte en ogive surlevée, ornée d'élégantes colonnettes et surmontée des trois écussons seigneuriaux. Derrière s'étendait alors un vaste étang, dont les eaux venaient battre les murs de l'édifice ; il a disparu entièrement aujourd'hui. Plus loin, à quelque distance, on remarquait un vieux Menhir, d'une quinzaine de pieds d'élévation, bizarre obélisque de granit, dont le but et l'origine se perdent dans la nuit des temps.

Depuis que Guy-Eder avait fixé son séjour dans ce château, il travaillait à le restaurer et à l'embellir, tant à l'intérieur qu'à l'extérieur. Voulant surtout se mettre à l'abri d'un coup de main, il s'occupait à creuser de larges fossés, et faisait en même temps couronner le portail et les bâtiments de Coadélan d'une galerie en saillie, munie de machicoulis. De plus, désirant dominer le pays, il avait donné des ordres pour exhausser la tourelle dont nous venons de parler.

S'il agissait de cette manière, c'est qu'au milieu de sa retraite il était loin d'être sans inquiétudes. Il craignait quelque surprise ou quelque attaque de la part de plusieurs gentilshommes dont il avait ruiné les familles pendant les guerres de la Ligue. Il cherchait donc par tous les moyens à rendre difficile l'accès de son manoir. Ainsi, les portes qui, autrefois, étaient simplement en bois, il avait eu soin de les barder de fer et d'y pratiquer des guichets revêtus de grilles épaisses. Puis, c'étaient des trappes, des meurtrières, des cachettes, des souterrains et des passages dont les issues n'étaient connues que de lui, et dont il eût été impossible de deviner l'existence. Enfin, dans l'intérieur des murailles, il faisait percer plusieurs escaliers sombres et mystérieux.

Personne mieux que lui ne s'entendait à ces sortes de constructions; il en avait donné des preuves en bâtissant le redoutable fort de l'île Tristan. D'autres travaux occupaient encore ses instants. Il poussait avec vigueur l'achèvement du château de Trébriant, en Trémel (1).

Ce manoir, qui faisait aussi partie de l'héritage de Marie, n'était pas entièrement terminé quand il en prit possession.

Malgré le changement qui s'était opéré dans la vie de La Fontenelle depuis la pacification et malgré l'existence tranquille qu'il était forcé de mener, cependant il ne pouvait rester inactif à Coadélan.

Puisque maintenant il lui était défendu de se jeter comme autrefois dans les entreprises périlleuses, de ravager les villages et de surprendre les Royaux jusque dans leurs villes, il fallait qu'il donnât d'autres aliments à l'activité qui le dévorait au sein de cette vie paisible de gentilhomme à laquelle l'impérieuse nécessité l'avait rivé. Avec l'extinction de la Ligue, avait fini sa puissance ! Seulement, le prestige de son effrayante renommée subsistait toujours. Cer-

(1) Ce manoir, qui est situé près Plestin, est moins considérable que Coadélan. C'est un simple corps de logis, au milieu d'une cour entourée d'un mur et d'un fossé. Une porte cintrée et un pont-levis y donnaient accès.

tes, quand son autorité ne fut plus qu'illusoire et qu'il n'eut plus que le titre de gouverneur de Douarnenez, oh ! alors, après sa chute, avec sa nature nerveuse et indomptable, il serait devenu fou, et n'aurait jamais pu supporter la nouvelle existence que lui avait faite le Roi ; mais il trouva un remède à ses ennuis et à ses déceptions, ce fut l'amour de Marie. Dieu, qui devait bientôt punir La Fontenelle de ses crimes, permit encore que ce réprouvé trouvât l'héritière de Mézarnou sur son chemin. Ce mariage avait comblé le vide de son cœur, car il avait rencontré dans Marie une de ces femmes qui sont les anges de ce monde !

Cependant, malgré le charme inexprimable qu'il ressentait près d'elle, Guy-Eder, emporté par la fougue de son caractère, faisait de fréquentes excursions au dehors. Tantôt il visitait ses châteaux de Trébriant, de *La Fontenelle* et de La Villedoré (1),

---

(1) La Villedoré est un manoir près Saint-Brieuc. *La Fontenelle* également situé comme La Villedoré dans la paroisse de Trégueux, est une ancienne métairie noble, qui fut l'apanage de Guy-Eder et dont il prit le nom.

ou bien il se rendait à Paimpol, à Tréguier et à l'île Bréhat, où habitaient quelques-uns de ses amis et plusieurs de ses officiers. Dans ces excursions, il se faisait presque toujours accompagner par Quilliec, qui avait aussi voulu suivre son jeune maître dans sa nouvelle résidence. Rarement il dirigeait ses courses vers l'île Tristan ; il n'y allait que lorsque les besoins de son service l'exigeaient absolument. Rien ne l'attirait plus vers cette île qu'il avait tant aimée ! Quant aux immenses richesses qu'il avait retirées de ses rapines, et qui étaient renfermées dans son fort, il les avait fait transporter à Coadélan.

CHAPITRE XXXII.

MARIE.

A voir l'ancien partisan plein d'impétuosité courir ainsi à travers les campagnes, on eût pu croire qu'il se rendait encore à quelques sanglantes expéditions. C'était surtout quand Marie n'était pas seule au manoir et que sa mère habitait avec elle, que La Fontenelle aimait à s'absenter de Coadélan, et à remplacer les fatigues périlleuses d'autrefois par celles des voyages.

Ce jour, où nous le retrouvons dans sa

nouvelle demeure, son esprit était singulièrement tourmenté, car il courait dans le pays certains bruits alarmants. On disait que le Roi était dans l'intention de faire démolir le fort de Douarnenez. La veille, Quilliec qui, en revenant de Quimper, s'était arrêté à l'île Tristan, avait rapporté avoir entendu dire dans ces deux endroits que la démolition du fort était certaine.

Si La Fontenelle faisait peu de cas de son commandement, il tenait beaucoup à ce que son fort restât debout, parce qu'il avait l'espoir que prochainement, peut-être, la face des affaires changerait en Bretagne.

Il ne pouvait oublier qu'il avait été invincible dans sa petite forteresse.

Il y avait environ deux heures qu'il était absorbé dans ses inquiétantes pensées, et c'était en vain que pour les chasser de son esprit il examinait dans les plus petits détails les travaux de ses ouvriers, allant de l'un à l'autre et leur donnant différents ordres ; mais rien ne pouvait le distraire de cette noire mélancolie. Le son seul d'une cloche qui se fit entendre en ce moment, vint enfin l'arracher à sa pénible préoccupation, en lui rappelant que le déjeûner était servi et que Marie l'attendait dans la salle à manger.

Quand La Fontenelle entra, celle-ci s'élança à sa rencontre. Depuis que nous l'avons vue apparaître à Mézarnou, Marie était encore embellie. Sa mise simple, mais pleine de distinction, faisait ressortir sa taille svelte et gracieuse. Ses formes avaient alors toute leur perfection et tout leur développement, et les traits célestes de son candide visage semblaient avoir acquis de nouveaux charmes.

— Eh bien ! mon ami, s'écria-t-elle, où est donc le Baron, votre frère ? N'êtes-vous pas sortis tous deux, ce matin, pour faire votre promenade ?

— Oui, Marie, il est vrai que Beaumanoir et moi sommes sortis ensemble ; mais notre but n'était point de nous promener, comme tu le supposes. Le Baron est parti ; il a quitté Coadélan.

— Comment, sans me dire adieu ?

— Il n'en a pas eu le temps, mon amie ; une lettre qu'il a reçue hier au soir l'a forcé de partir au plus vite. Le vieux Pratmaria est mort, et Amaury craint d'arriver trop tard au Laz, où vont se célébrer les funérailles du Comte. Avant son départ, il m'a chargé de l'excuser auprès de toi de ne t'avoir pas fait d'adieux.

— Il n'a pas besoin d'excuses, Guy-Eder; et maintenant je comprends fort bien la précipitation qu'il a mise à s'éloigner ; mais vous, mon ami, n'avez-vous pas été aussi invité à assister à cette cérémonie?

— En effet, répondit La Fontenelle en feignant de sourire, j'étais compris dans cette invitation ; mais vois-tu, Marie, j'ai préféré rester avec toi et ne pas te laisser seule, cette fois, à Coadélan ; car, je l'avoue, depuis mon séjour ici, mes absences n'ont été que trop fréquentes. Je te l'ai souvent dit, cette vie de partisan, que j'ai menée pendant dix ans, a été une vie terrible et aventureuse, et il est bien difficile, quand on la quitte tout-à-coup, de pouvoir demeurer tranquille dans le même lieu, sans éprouver un besoin impérieux de mouvement et d'action.

— Qu'avez-vous besoin, Guy-Eder, de vous défendre au sujet de vos courses et de vos voyages? reprit Marie avec la plus grande douceur. Jamais, d'ailleurs, je ne vous ai adressé de reproches à cet égard ; au contraire, vous devez-vous le rappeler, toujours j'ai été la première à vous engager à voyager, à vous distraire.

— Je me souviens de tout cela, Marie, et maintenant je trouve que j'ai eu tort de t'obéir et de te laisser ici dans l'isolement. Il faut le dire, je fus coupable, et tu fus trop indulgente pour mes fautes. Aussi désormais, je ne m'éloignerai plus ; je veux rester près de toi, et essayer, par mon amour et mes attentions, de te faire oublier mes longues absences.

— Que vous êtes bon, mon ami.... comment ne pourrait-on pas vous aimer? Et cependant, vous en souvenez-vous, que de gens, quand vous arrivâtes ici, pour lesquels vous étiez un objet d'épouvante? Ils paraissaient tous effrayés à votre vue, à l'exception de monsieur De Romar et de Quilliec, qui ne partageaient pas cette crainte ridicule.

— C'est que ceux-ci ont trop longtemps servi sous mes ordres, pour ne pas avoir une connaissance parfaite de mon caractère. Tous les deux savent que la plupart des histoires débitées sur mon compte sont fausses, pleines d'exagération et imaginées par les paysans, dont j'ai été souvent forcé de réprimer l'orgueil et la hardiesse. Oui, Marie, sache-le bien, je n'ai usé que d'énergie et de fermeté avec les Communes ; si j'en avais manqué, qui sait où se seraient arrêtées leurs fureurs et leurs déprédations ? A cette heure, peut-être n'y aurait-il plus un seul château debout dans toute la Cornouaille ? Voilà d'où provient l'effroi que j'inspirais en arrivant dans ce pays. Heureusement, aujourd'hui, je ne fais plus peur à personne. Je n'épouvante que les sots qui ont ajouté foi à des fables absurdes, et qui n'ont pas compris la conduite que j'ai été forcé de tenir dans la guerre nationale de la Ligue. N'as-tu pas été toi-même témoin de l'effet produit par les contes qu'on a faits sur ma personne ? N'as-tu pas vu ta gouvernante Marguerite devenir folle à mon seul aspect ? Telle a été l'épouvante de cette malheureuse, dont la tête était perdue par d'effrayants récits, que, malgré son retour à la santé et malgré l'amitié qu'elle te porte, elle n'a jamais voulu, à cause de moi, venir demeurer à Coadélan.

Depuis le commencement de cette conversation, les deux époux s'étaient mis à table pour déjeuner.

CHAPITRE XXXIII.

MARIE (Suite).

La Fontenelle n'était pas fâché, toutes les fois qu'il se trouvait seul avec Marie, de lui répéter que, dans les guerres de la Ligue, il avait toujours agi avec bravoure et loyauté. Il lui avait donc dit que si elle entendait raconter de lui quelque méchante action, de ne point y croire ; qu'elle pouvait être persuadée que tous ces mensonges n'étaient inventés que par ses nombreux ennemis.

Comme on le voit, l'héritière ignorait à quel homme elle avait lié son sort. Où l'aurait-elle appris? Guy-Eder avait défendu à tous les siens de ne jamais parler devant sa femme, ni de ses faits de guerre, ni d'aucune de ses autres actions. Monsieur et madame de Mézarnou qui, en cette circonstance, avaient approuvé sa conduite, se seraient bien gardés de troubler par leurs révélations le bonheur de leur enfant.

D'ailleurs, depuis que Marie habitait Coadélan, elle ne fréquentait aucune famille noble des environs; elle y vivait entièrement retirée, ne s'occupant que de son jardin et cultivant la peinture dans laquelle elle excellait. Elle connaissait à peine les événements qui avaient eu lieu en Bretagne pendant la guerre. Elle savait seulement que Mercœur et La Fontenelle avaient été les deux plus puissants soutiens de la Sainte-Union et de la cause catholique. Dès son enfance, il est vrai, elle avait entendu parler par son père et sa mère de la perversité de son cousin ; mais elle n'avait jamais soupçonné de quelle nature pouvaient être les fautes qu'il avait commises. Elle croyait que sa conduite n'avait pas beaucoup différé de celle des autres partisans de cette époque.

La Fontenelle ne l'avait jamais entretenue que des siéges de l'île Tristan et des attaques contre Quimper. Le cœur honnête de Marie eût défailli en écoutant les désastres de Plogastel, de Penmarc'h et de Pont-Croix ; et jamais elle n'eût voulu croire à de semblables horreurs !...

Dans la situation où se trouvait La Fontenelle, il lui était facile de cacher son passé; en effet, il n'habitait plus le pays qu'il avait ravagé et où il était en exécration. Il n'avait point exercé ses rapines dans la paroisse de Prat, et personne dans les environs de Coadélan n'avait eu à se plaindre de lui. Aussi depuis son mariage, voulant faire taire les bruits qui couraient sur son compte, il agissait de manière à se faire aimer de tous ses voisins et de tous les paysans des environs, avec lesquels il feignait une grande bonté. Par son adresse, il arriva à se faire chérir de ses vassaux et de tous ceux avec qui il avait des rapports. Il fut bientôt une providence pour les malheureux qu'il employait à Coadélan à toutes sortes de travaux, et jamais il ne lui arrivait d'en rebuter un seul. Quant à ses anciens compagnons d'armes, lorsqu'ils venaient le visiter, il les recevait magnifiquement, et ne les renvoyait qu'après leur avoir fait des largesses et des présents, pour qu'ils le publiassent partout (1). Les familles qu'il avait ruinées et ceux à qui il avait fait essuyer tant de maux étaient maintenant éloignés de lui.

— Oui, ma bien-aimée, continua La Fontenelle, je veux que longtemps après moi, les jeunes gens de Lannion, de Tréguier et de Prat, parlent souvent du baron de La Fontenelle, seigneur de Coadélan et de Trébriant.

— Et gouverneur de Douarnenez, ajouta Marie, avec une sorte de fierté.

— Oh ! laissons-là ces titres qui ne sont rien pour moi, s'écria Guy-Eder ; je te l'ai

(1) La mémoire de la Fontenelle à Tréguier est encore populaire, a dit notre savant compatriote monsieur J. de Penguern, dans la Biographie bretonne, et ce qu'il y a de bien étonnant, c'est que les chants du pays sont tous à sa louange.

dit, je suis descendu de trop haut pour que la place que le Béarnais m'a faite me convienne. Qu'il reprenne, s'il le veut, ses grades et ses brevets, mais au moins qu'il respecte le fort inexpugnable que j'ai élevé sur l'aride rocher de l'île Tristan ! Quoique les bruits de démolition prennent un grand accroissement, cependant je ne puis croire que le Roi en vienne à cette extrémité ! L'injure serait vraiment trop forte pour moi !... A quoi bon alors ses lettres d'abolition, le titre de capitaine de cinquante hommes, et la dignité dont il m'a revêtu ? Ce serait payer d'une manière bien outrageante ma soumission ! S'il veut m'enlever mon gouvernement, eh bien ! qu'il me le fasse savoir franchement; ma démission lui sera aussitôt remise ; mais qu'il laisse subsister ces fortifications, devant lesquelles sont venus échouer Sourdéac et les plus fameux capitaines de la Bretagne !

— Ne sont-ce pas eux, mon ami, qui, par dépit et en souvenir de leur défaite, demandent au Béarnais la destruction de ce fort ?

— Oui, Marie, si ces fortifications sont

rasées, elles ne le seront qu'à l'instigation du gouverneur de Brest et de ceux qui, comme lui, ont vu ternir leur gloire devant Douarnenez. Ils ne peuvent songer sans frémir de rage aux échecs qu'ils ont essuyés, et pour le moment, ne pouvant s'en prendre à celui qui les a vaincus, c'est aux murailles qu'ils s'attaquent. Ils veulent que les pierres, qui ont servi à protéger les braves ligueurs qui les écrasaient sous leurs arquebusades, ne s'élèvent plus au-dessus de la baie, et qu'elles se confondent avec les galets des grèves ! Quoi qu'il arrive, sois sûre que jamais, tant que je vivrai, je ne laisserai abattre mon fort sans m'y opposer de toutes mes forces. Si je suis prévenu à temps, ajouta La Fontenelle avec une terrible énergie, je suis décidé à le défendre contre le Roi lui-même, et à m'ensevelir sous ses décombres plutôt que de souffrir sa démolition !

A ces paroles, tous les traits du visage du partisan exprimèrent une colère si furieuse, que Marie en demeura épouvantée.

— Et moi, s'écria-t-elle tout émue, je ne vous laisserai pas partir seul de Coadélan, Guy-Eder; je vous suivrai à l'île Tristan; et, si je ne puis vous faire abandonner vos projets de résistance, je saurai mourir avec vous !

— Non, tu ne mourras pas, ma bonne Marie, dit La Fontenelle avec une émotion dont on ne l'aurait pas cru capable; tu vivras et moi aussi ! La forteresse de l'île Tristan restera debout..... Tel est mon espoir !

En cet instant, tous deux se levèrent de table.

La Fontenelle prit amoureusement le bras de l'héritière, et descendit avec elle dans les jardins de Coadélan.

Des larmes coulaient le long des joues de la jeune femme. Elle tremblait à la pensée que son mari n'exécutât la menace qu'il venait de faire, de soutenir un dernier siége contre le roi de France.

CHAPITRE XXXIV.

DÉMOLITION DU FORT DE LA FONTENELLE.

Les bruits qui circulaient depuis longtemps, n'étaient pas sans fondement. Le fort de l'île Tristan devait tomber cette année-là.

Le Roi, sollicité par Sourdéac, par le baron de Molac ainsi que par plusieurs capitaines bretons qui avaient eu hautement à se plaindre de Guy-Eder, commanda la destruction du fort de Douarnenez et des autres fortifications élevées sur ce territoire.

A cet effet, des commissaires royaux furent envoyés en Bretagne, avec mission de procéder sans délai à la démolition du fort.

Quelques jours après la conversation que nous venons de rapporter, La Fontenelle apprit cette nouvelle. Plein de fureur, accompagné de De Romar et de Quilliec, il se rendit sur-le-champ à l'île Tristan. Là, il déclara à son lieutenant La Boulle, l'intention où il était de s'opposer à l'exécution des ordres du Roi, et il lui fit savoir qu'il était résolu à soutenir un dernier siége dans son île. Tous les soldats de la garnison jurèrent de lui demeurer fidèles jusqu'à la mort.

Les commissaires ne se firent guère attendre. Deux jours après, ils débarquaient à Douarnenez. Aussitôt son arrivée, leur chef demanda à parler au commandant du fort.

La Fontenelle reçut les commissaires, la tête haute et menaçante. A peine eut-il pris connaissance de l'ordre dont ils étaient porteurs, lequel ordonnait la démolition immédiate des fortifications, que la rage s'empara de son cœur. A l'instant même, et comme s'il eût été encore le monarque de l'île Tristan, il pensa à faire lancer dans la baie les officiers du Roi ; mais se ravisant tout-à-coup, il sut contenir sa colère. Seulement, il leur déclara qu'en sa qualité de gouverneur de Douarnenez, il s'opposerait à la destruction d'un fort à la garde duquel il avait été commis, objectant que sans doute le Roi n'avait pu donner cet ordre que par erreur et sans réflexion, ou d'après les conseils de gens qui ne savaient pas apprécier l'utilité de ces fortifications. Il ajouta qu'il était certain, en se rendant à la cour, de persuader Henri IV et de lui démontrer l'importance de cette citadelle, si une guerre venait à éclater avec l'Angleterre, ou s'il était besoin de comprimer les Espagnols, qui n'avaient pas encore abandonné les côtes de Bretagne.

Après ces représentations, La Fontenelle leur annonça qu'il était décidé à partir le lendemain pour Paris. Il leur fit ensuite jurer de ne pas permettre qu'on touchât à rien avant son retour, qui ne devait pas être éloigné.

Les commissaires, craignant d'irriter Guy-Eder, prêtèrent serment et promirent tout ce qu'on voulut.

Quant à lui, plein d'indignation, il se mit en route et arriva bientôt à Rennes, où le Parlement de cette ville le fit immédiatement arrêter, comme s'étant opposé aux ordres du Roi (1).

Après son départ, les officiers restés à l'île Tristan, furieux de la résistance qu'ils avaient éprouvée, s'étaient empressés de lancer leur plainte.

Pendant la détention de La Fontenelle, son fort tombait sous le marteau des démolisseurs. Ceux-ci, pour ne pas être inquiétés dans leur œuvre de destruction, réclamèrent l'appui des garnisons de Brest, de Quimper et de Morlaix. Ces villes, loin de refuser leur concours, envoyèrent sur-le-champ des troupes pour contenir,

---

(1) Je me suis assuré par plusieurs notes extraites des archives de Saint-Brieuc, que je dois à l'obligeance de monsieur Sicamois, archiviste des Côtes-du-Nord, qu'en effet, après la pacification, non-seulement Guy-Eder fut fait prisonnier à Rennes, mais qu'il subit aussi une détention à Nantes.

s'il était nécessaire., les soldats qui se trouvaient à Douarnenez.

La Boulle, qui y commandait, n'eut garde de s'opposer à la démolition des fortifications ; au contraire, il s'entendit à ce sujet avec les agents du Roi et leur dit que son devoir, en cette circonstance, était de se soumettre à leurs ordres. Peu de jours après, le même La Boulle recevait du Béarnais des lettres d'abolition qui lui pardonnaient tous ses actes passés, et le déchargeaient des crimes et des atrocités qu'il avait commis à Pont-Croix (1). Il lui était enjoint en même temps de sortir de la place. Le lieutenant tout joyeux se hâta d'exécuter ces ordres ; mais craignant la vengeance de La Fontenelle, il songea à s'éloigner au plus vite de la Bretagne et à se diriger sur Paris, dans l'intention de prendre du service dans l'armée royale.

De Romar et Quilliec ne s'étonnèrent point de la perfidie de la Boulle ; ils déplorèrent des faits qu'ils étaient impuissants à empêcher.

(1) On peut voir cette lettre dans les *Preuves de l'histoire de Bretagne* de Dom Taillandier.

Aussitôt que la nouvelle de la démolition du fort de l'île Tristan arriva à Rennes, La Fontenelle fut mis en liberté. Le gouverneur lui fit dire qu'il était libre de sortir de la ville, lorsqu'il le désirerait.

Guy-Eder, exaspéré de la conduite du Parlement à son égard, monta à cheval et prit le chemin de Beaumanoir-Eder, où il savait qu'Amaury se trouvait alors. Avant d'aller à Paris, il était bien aise de prendre conseil de son frère. De cette résidence où il apprit la destruction de son fort, il écrivit à Marie pour la rassurer sur son absence, sans pourtant lui faire part de la détention qu'il venait de subir.

CHAPITRE XXXV.

PRESSENTIMENTS.

On ne saurait exprimer quel coup terrible cette nouvelle porta à La Fontenelle. Le dépit qu'il en conçut fut tel, qu'un moment son frère craignit pour sa raison. En effet, tantôt sombre et abattu, on le rencontrait marchant pas à pas à travers la campagne, comme un homme prêt à succomber sous le poids de sa douleur; tantôt son irritation devenait si violente, qu'on l'entendait proférer les injures les plus offensantes et les menaces les plus horribles contre la personne du Roi. Alors, dans la fureur qui le dévorait, il se reprochait d'avoir fait sa soumission, lorsqu'il pouvait encore essayer, avec quelques chances, de résister aux armes royales. Cette grande colère s'apaisait quelquefois devant les justes remontrances du Baron, qui lui objectait avec raison l'inutilité de son désespoir et de ses regrets.

La Fontenelle ne demeura qu'une semaine à Beaumanoir et ce court séjour au château paternel lui fit du bien. En sortant de chez son frère, il se sentit beaucoup plus calme et plus résigné ; il avait renoncé à se rendre à Paris.

Quelques jours après, il était donc à Coadélan dans les bras de Marie, qui lui racontait la trahison et le départ de La Boulle.

Pendant le voyage de son gendre, madame de Mézarnou était restée tenir compagnie à sa fille, et en ce moment encore elle était à Coadélan.

— Misérable La Boulle ! s'écria Guy-Eder hors de lui, voilà donc quelle est ta reconnaissance pour les honneurs et les bienfaits dont je t'ai comblé! Oh! pourquoi ai-je accepté la démission de De Romar? C'était à cet officier, aussi dévoué que fidèle, qu'il appartenait de me remplacer à Douarnenez.

— Du courage! mon ami, dit Marie en enveloppant La Fontenelle de son tendre regard; il faut oublier ce malheur, puisqu'il est sans remèdes. D'ailleurs, vous me l'avez dit : l'île Tristan était devenue pour vous un séjour désagréable et antipathique.

— Oui, Marie, j'aimais seulement le fort que j'y avais fait construire, et je regrette de n'être pas mort derrière ses murailles!

— Je vous l'ai bien souvent répété, mon bien-aimé, vous ne seriez pas mort seul, on eût trouvé mon cadavre près du vôtre.... car je serais venue m'enfermer avec vous dans votre île et partager votre sort.

— Enfant! s'écria La Fontenelle tout ému, non tu ne serais pas morte et jamais je n'eusse souffert que tu vinsses à Douarnenez. Tu m'aurais survécu pour répandre quelques larmes sur moi!... Après le combat, mon corps aurait été jeté dans la baie, et la mer, vois-tu, Marie, est une tombe sur laquelle on ne jette pas de fleurs!

— Pourquoi parler ici de mort, Guy-Eder, et attrister Marie ? dit madame de Mézarnou. Certes, la destruction de votre fort est un chagrin pour vous ; mais cependant il pouvait vous arriver de plus grands malheurs que celui-là. Qu'avez-vous d'ailleurs besoin de dignités et d'honneurs ? N'avez-vous pas en votre possession les châteaux de Coadélan, de Trébriant et de La Villedoré ?

— Et il me reste un bien, autrement précieux, Madame, interrompit chaleureusement La Fontenelle : c'est votre fille, c'est Marie qui, seule aujourd'hui, m'aide à supporter tous les maux et les peines de ce monde !

La conversation en resta là pour ce jour.

Le lendemain, Marie et sa mère apprirent la détention qu'avait subie La Fontenelle à Rennes, et cette nouvelle leur causa une bien vive douleur. Madame de Mézarnou demeura extrêmement inquiète sur le sort à venir de son gendre, car elle connaissait les nombreux ennemis qu'il s'était faits, et elle savait qu'ils avaient soif de vengeance.

Ceux-ci, en effet, ne pouvaient comprendre comment un aussi grand coupable avait obtenu non-seulement l'impunité, mais encore des dignités et des grades.

Les craintes de la mère de Marie n'étaient que trop fondées. Depuis longtemps le sol tremblait sous les pieds de La Fontenelle ; on travaillait activement à la mine qui devait éclater bientôt et l'engloutir ! De toutes parts, les Parlements de Paris et de Rennes recevaient des plaintes à son sujet. Ses ennemis voulaient forcer à revenir sur son passé. Pour cela, ils employaient tous les moyens en leur pouvoir, afin de le faire mettre en jugement. Les habitants de Penmarc'h, ceux de Pont-Croix et de plusieurs autres villes ruinées par lui, avaient plusieurs fois demandé son arrestation et sa mise en accusation ; mais jusque-là, toujours leurs réclamations étaient demeurées sans résultat.

La Fontenelle avait une entière connaissance de tout ce qui se passait. Il n'ignorait pas que la famille La Villerouaut, qu'il avait si indignement flétrie, demandait à être vengée des atrocités de Pont-Croix.

La démolition de son fort ne fit

qu'augmenter ses cruelles appréhensions ; il craignait que le Béarnais, à force d'obsessions, ne donnât enfin des ordres pour le faire arrêter. Mais, lorsqu'il jetait les yeux sur les lettres d'abolition qui lui avaient été accordées, il ne pouvait croire que ces écrits, conçus dans les termes les plus paternels et les plus bienveillants, pussent cacher une arrière-pensée de vengeance tardive.

Etait-il raisonnable de présumer qu'un prince aussi loyal pût un jour revenir sur la parole qu'il avait donnée? Malgré la justesse de ces réflexions, La Fontenelle se sentait troublé et plein de mortelles inquiétudes ; il avait comme un secret pressentiment de ce qui se tramait contre lui. Toutefois, il gardait le silence, ne faisant part de ses craintes ni à Marie, ni à madame de Mézarnou; au contraire, presque toujours en leur présence, il feignait une gaîté qui était bien loin de son cœur.

CHAPITRE XXXVI.

LA FONTENELLE PRISONNIER A PARIS.

Quatre mois se passèrent cependant sans que personne songeât à inquiéter Guy-Eder dans sa solitude.

Dans cet intervalle, monsieur de Mézarnou vint chercher sa femme à Coadélan. Depuis le mariage de sa belle-fille, il n'était venu que bien rarement visiter La Fontenelle, pour lequel il se sentait toujours une grande aversion ; mais, comme nous l'avons dit, il avait compris qu'il était nécessaire de dissimuler ses sentiments dans l'intérêt du bonheur de Marie. Quoique froids et cérémonieux, le beau-père et le gendre vivaient ensemble en bonne intelligence, et tous deux, intéressés à la paix, faisaient leurs efforts pour qu'elle régnât continuellement au château. Seulement, Mézarnou ne pouvait comprendre comment Guy-Eder, avec une âme aussi perverse que la sienne, aimât Marie si tendrement. Et pourtant, il n'y avait pas à se tromper, la figure de la jeune femme exprimait le contentement, la félicité ; en un mot, elle était heureuse, elle chérissait La Fontenelle. Mézarnou s'était donc promis de la laisser autant que possible dans son ignorance. Prolonger ses illusions c'était assurer son bonheur !

Peu de jours après le départ de Mézarnou et de sa femme, le baron Amaury arriva à Coadélan. Il paraissait triste et soucieux et venait communiquer à son frère une lettre que lui avait adressée l'un de ses amis de Paris. Celui-ci lui donnait avis des nouveaux efforts de la famille La Villerouault, pour faire mettre La Fontenelle en jugement, et l'avertissait que l'horizon devenait tous les jours plus sombre et plus menaçant ; qu'en conséquence, il l'engageait à se rendre sur-le-champ à la cour, afin d'essayer d'arrêter les progrès du mal.

Aussitôt Guy-Eder déclara au Baron, qu'il n'y avait pas de temps à perdre et qu'il était urgent qu'ils partissent tous deux pour Paris.

Le voyage fut donc résolu, et ce jour-là, Marie fut avertie du prochain départ des deux frères.

En apprenant cette nouvelle, elle supplia son mari de ne point la quitter, et de renoncer à une absence dont elle redoutait les suites. En vain elle lui rappela sa détention à Rennes ; mais rien ne fut capable d'ébranler sa résolution. Alors la pauvre femme tout en pleurs, et aussi désolée que si elle ne dût plus revoir La Fontenelle, le pria de la laisser partir avec lui. Celui-ci, malgré la vive contrariété que lui causa cette demande, n'osa pas refuser Marie. Donc, le lendemain, il se mit en route dans la compagnie de sa femme et du Baron.

Les chemins étaient alors si mauvais et les communications si difficiles, qu'ils mirent plus de quinze jours avant d'atteindre le terme de leur voyage.

A peine étaient-ils arrivés, que la Grand'-Chambre, émue de toutes les plaintes qui lui parvenaient, se décida, de concert avec le Parlement de Rennes, à lancer un mandat d'arrêt contre l'ancien partisan. En conséquence, elle ordonna au prévôt des Maréchaux de le faire arrêter, et de donner des ordres pour qu'il fût conduit à Paris aussitôt son arrestation (1).

Pendant ce temps, Guy-Eder, bien loin de soupçonner ce qui se passait, écrivait au Roi pour lui demander une entrevue. Il espérait, dans une audience particulière, influencer le monarque et capter sa bienveillance. Henri IV, qui avait eu connaissance de l'arrêt, ne répondit point, il lui

---

(1) On lit dans les *Preuves* de Dom Taillandier, cet arrêt de la Grand'Chambre, daté du 27 octobre 1600. Les archives de Saint-Brieuc prouvent aussi d'une manière bien certaine que La Fontenelle subit avant sa mort une détention à Paris; mais il est évident qu'il recouvra sa liberté, puisque dans ces mêmes titres on trouve la preuve que le 21 juillet 1601 il se trouvait encore à Coadélan.

répugnait trop de s'aboucher avec un aussi grand coupable. D'ailleurs, il ne lui avait fait grâce qu'à cause de l'illustre famille à laquelle il appartenait, et parce qu'il craignait qu'il ne livrât Douarnenez aux Espagnols.

L'arrêt du Parlement devait être exécuté.

Dès que la Grand'Chambre eut connaissance de l'arrivée de Guy-Eder dans la capitale, elle le fit aussitôt saisir et renfermer dans les prisons du Châtelet.

Il faut renoncer à décrire le désespoir qui s'empara de l'infortunée Marie, quand La Fontenelle fut arrêté sous ses yeux par Nicolas Rapin, prévôt des Maréchaux et lieutenant de Robe Courte. Ses cris et ses larmes furent inutiles. Elle tomba évanouie en voyant son mari furieux et terrible se débattant au milieu des gardes qui l'entraînaient de force.

Si la position de Marie, après cette arrestation, fut cruelle, celle de Beaumanoir ne le fut pas moins, car non-seulement il avait à déplorer le nouveau malheur qu'il n'avait pu conjurer, mais encore il fallait qu'il consolât sa belle-sœur en lui faisant entrevoir pour la liberté et la vie de son frère des espérances qu'il n'avait pas.

Cependant le Baron ne se laissa pas abattre ; de tous côtés il redoubla d'efforts pour empêcher que cette affaire ne s'aggravât, et par son influence et celle de plusieurs de ses amis, il finit par obtenir de la plupart des plaignants qu'ils cessassent leurs murmures et retirassent leurs plaintes.

La famille La Villerouaut elle-même parut s'apaiser, et sembla un moment avoir oublié l'outrage qui lui avait été fait. Enfin, au bout d'un certain temps, par l'entremise de son cousin Lavardin, Beaumanoir finit par obtenir une audience particulière du Roi, qui l'accueillit avec une grande bienveillance. Les prières et les larmes du Baron produisirent sur le Béarnais un effet si puissant, que, le soir même de cette entrevue, il fit mettre La Fontenelle en liberté.

Qu'on juge de l'émotion et de l'étonnement de Marie, lorsque soudain elle vit entrer dans sa chambre Guy-Eder conduit par son frère. Sa joie fut si grande, et son agitation si violente, qu'on eût pu, en cet instant, la prendre pour une insensée.

Tantôt elle embrassait avec transport son mari, semblant douter que ce fût bien lui qu'elle avait devant les yeux ; tantôt elle s'élançait au cou de son beau-frère auquel elle adressait les plus vifs remercîments.

— Tu m'es donc rendu ! cher Guy-Eder, s'écriait-elle en se jetant dans les bras de celui-ci, et le couvrant de ses larmes. Oui, ce n'est pas un rêve, tu as enfin recouvré la liberté, que tu dois à Amaury. Le Roi, sans doute, touché de sa douleur, n'a pu résister à ses prières et à ses instances.

— Je te l'ai bien des fois répété, ma chère Marie, répondit La Fontenelle avec émotion ; depuis ma plus tendre enfance, mon frère a été pour moi plus qu'un père, et ce qu'il vient de faire aujourd'hui pour ma délivrance ne m'a point surpris. Oui, Amaury, vous pouvez en être certain, ma reconnaissance pour toutes vos bontés sera éternelle... Je ne crains qu'une chose, c'est de ne pouvoir, avant ma mort, m'acquitter de tout ce que je vous dois... Je le dis ici : j'ai été fier du pardon que vous m'avez accordé ; il m'a fait tant de bien !.. ce n'est pas comme celui du Béarnais !

— Silence ! malheureux, interrompit le Baron, le Roi ne vient-il pas encore de t'accorder une seconde grâce ?

— Hélas ! oui, dit La Fontenelle en pâlissant ; c'est juste, je dois me taire à présent... car je ne suis plus rien ; et tout-à-l'heure, le roi de l'île Tristan, jadis si terrible pour tous, n'était-il pas un misérable prisonnier sur le point d'être mis en jugement et menacé de finir comme tant d'autres sur la place de Grève ?

CHAPITRE XXXVII.

RETOUR EN BRETAGNE.

Ces paroles étaient à peine prononcées, que la plus vive indignation se manifesta sur la physionomie de Guy-Eder. C'est qu'il pensa éclater en injures contre Henri IV, qui semblait avoir oublié ses lettres d'abolition; mais il se contraignit, craignant de faire de la peine au Baron et à Marie. Pendant sa détention, il avait beaucoup maigri, et il était facile de voir, à l'expression de son visage, qu'il avait cruellement souffert!

Quelques mois sous les verroux pour une nature comme celle de La Fontenelle, équivalaient à une captivité de dix années. Ce n'était pas la mort qu'il redoutait ; il l'avait bravée cent fois ; mais il craignait l'horrible cachot, son affreux silence et son effrayante solitude. Son dernier emprisonnement lui avait beaucoup donné à réfléchir. Décidément, il ne pouvait plus s'y tromper ; ses nombreux ennemis cherchaient à circonvenir le Roi et à le faire revenir sur sa parole. Ils avaient juré sa perte... ils en voulaient à sa vie. Désormais, c'était donc à lui de se défier de leurs sourdes machinations et de faire en sorte de les déjouer.

Ses souffrances s'étaient encore accrues en songeant au chagrin qu'avait dû éprouver sa femme après son arrestation. Oh! s'il avait pu prévoir les événements, bien certainement il se fût opposé à ce qu'elle le suivît dans la capitale. Tous ces pénibles souvenirs lui rendirent odieux le séjour de Paris ; aussi le lendemain de son élargissement, après avoir été remercier le maréchal de Lavardin, il se mit en route pour la Bretagne.

En arrivant à Rennes, il se sépara du Baron, qui prit le chemin de son château.

Quelques jours après, La Fontenelle était à Coadélan avec Marie. Rien n'était changé dans ce tranquille séjour ; seulement les travaux qu'il avait commencés avant son départ étaient entièrement achevés, grâce aux soins de De Romar et de Quilliec. Dans l'état actuel, Coadélan, parfaitement bien fortifié, pouvait résister à un coup de main.

Depuis son retour, La Fontenelle sortait peu ; cependant, de temps en temps, il se rendait à Trémel pour presser les travaux de son manoir de Trébriant, qui touchaient à leur fin. Souvent aussi, il aimait à se promener dans les environs, accompagné de son ancien lieutenant et de Quilliec.

— Je suis content de vous, mes amis, leur disait-il un jour en examinant l'ensemble des fortifications de son château ; vous n'avez pas perdu ici votre temps, et pendant que je gémissais dans les cachots du

Châtelet, vous m'avez dignement remplacé. Si vous n'avez pas fait de Coadélan une forteresse aussi redoutable que l'île Tristan, vous l'avez rendu une aussi bonne place que l'était le Granec. Aujourd'hui, que j'ai la conviction qu'on en veut à ma liberté et que mes ennemis, ne pouvant me pardonner mon passé, demandent à grands cris ma tête, je dois essayer par tous les moyens possibles d'échapper à leur vengeance. Malgré les dangers que je cours à Coadélan, j'ai juré de ne pas le quitter, parce qu'il me vient de ma chère Marie et que je sais qu'elle ne consentirait jamais à s'éloigner de sa mère. Sans cette considération, depuis longtemps j'aurais abandonné la France où je ne suis plus en sûreté. Cependant, quoi qu'il puisse arriver, je me tiendrai toujours sur mes gardes, prêt à faire tête à l'orage. J'ai donc l'intention de rassembler une soixantaine d'hommes éprouvés, pour servir de garde à mon manoir. Nous les trouverons facilement dans une foule de routiers qui rôdent dans la campagne, et dont plusieurs ont déjà servi sous mes ordres. Ah ! messieurs des Parlements de

Rennes et de Paris, prenez garde ! l'agneau pourrait bien redevenir le tigre d'autrefois !

— Dans quelques jours, capitaine, s'écria De Romar, cette petite troupe sera recrutée. C'est toi, Quilliec, que je charge du soin de choisir ces soldats !

— Oui, mes amis, ajouta La Fontenelle, je suis décidé à me défendre jusqu'à la dernière extrémité plutôt que de me laisser passer la corde au cou, sous prétexte que j'ai fait ma soumission au Roi. La dernière leçon que je viens de recevoir à Paris a été trop bonne pour qu'à l'avenir je ne prenne pas mes précautions.

Ayant dit ces mots avec une grande animation, il prit congé de ses deux anciens compagnons d'armes.

— Eh bien ! lieutenant, s'écria Quilliec, que dites-vous de notre capitaine ?

— Je dis, Quilliec, qu'il n'a rien perdu de son ancienne énergie, et que s'il en trouvait l'occasion, il ferait encore parler de lui.

— C'est une justice à lui rendre, il a de la tête et il ne la perd jamais dans le danger ; en un mot, c'est un homme de fer...

seulement, il est certaines choses qu'il ne peut oublier. Il a sur le cœur la démolition de son fort, comme moi la perte de ma bonne taverne de Brest, et il lui serait aussi impossible de pardonner à Le Clou ou à Du Granec, qu'à moi de ne pas sentir la rage me venir au cœur quand je songe à monsieur de Sourdéac, ce scélérat de gouverneur dont j'espère bien me venger quelque jour !

De Romar ne put s'empêcher de rire des paroles de Quilliec ; mais il ne répondit rien et le quitta pour aller vaquer à ses occupations ordinaires.

CHAPITRE XXXVIII.

LA DERNIÈRE ARRESTATION.

Le mois d'août de l'année 1602 était arrivé, c'est-à-dire que près de deux ans s'étaient écoulés depuis le retour de La Fontenelle de Paris.

Malgré ses inquiétudes, depuis son arrestation, sa tranquillité n'avait pas été troublée. Madame de Mézarnou avait continué de venir de temps en temps habiter avec Marie. Elle passait ordinairement tout l'été avec sa fille, et ne s'en retournait chez elle qu'aux approches de l'hiver, lorsque son mari venait la chercher à Coadélan.

Si les ennemis qu'avait La Fontenelle en Bretagne, n'avaient fait aucune tentative pour l'inquiéter dans sa nouvelle demeure, c'est que sa réputation d'homme d'armes était trop bien établie pour que quelqu'un d'entre eux osât venir l'attaquer à main armée. D'ailleurs, la garnison de Coadélan, alors au complet, était composée de soldats aguerris et intrépides, tous gens prêts à se faire tuer jusqu'au dernier pour leur capitaine. Malgré cette apparente tranquillité, l'orage grondait au loin. De toutes parts les haines s'étaient réveillées. Un genre d'attaque beaucoup plus sûr que celui des armes se préparait ; les plaintes et les murmures avaient recommencé, et partout des cris de vengeance se faisaient entendre. La famille La Villerouaut, qui un moment s'était tue, insistait de nouveau auprès du Parlement de Paris, pour que la Fontenelle fût arrêté et mis en jugement.

Le moment était du reste favorable, et tout concourait à accabler le capitaine ligueur. En effet, la fameuse conspiration du maréchal Biron, accusé d'avoir entretenu de secrètes intelligences avec les Espagnols, venait d'éclater.

La Fontenelle, auquel on avait reproché bien des fois d'avoir songé à livrer Douarnenez à ces étrangers, fut tout-à-coup enveloppé dans cette affaire.

Sur ces entrefaites, une foule de jeunes seigneurs, également compromis, furent arrêtés. Biron fut condamné à mort et exécuté dans l'intérieur même de la Bastille.

Pendant que ces événements avaient lieu, De Brissac, lieutenant général du roi en Bretagne, reçut l'ordre de s'emparer de La Fontenelle et de le faire conduire sans aucun retard à Paris. Aussitôt cet avis, ce maréchal enjoignit à monsieur de Coëtnizan, gouverneur de Morlaix, de se saisir de la personne du partisan, en quelque lieu qu'il pût être (1). Coëtnizan, qui savait le danger qu'il y aurait à arrêter ouvertement un homme aussi bien entouré, résolut d'avoir

---

(1) Voir les *Preuves* de dom Taillandier, où l'ordre donné au maréchal de Brissac est consigné. Cet ordre est daté du 16 août 1602.

recours à la ruse pour s'en rendre maître. Ayant appris que depuis deux jours La Fontenelle habitait Trébriant, et que, lorsque celui-ci s'y rendait, il était presque toujours sans escorte, il fit partir secrètement de Morlaix son lieutenant avec trente soldats, et leur donna ordre, pour n'éveiller aucun soupçon, de n'arriver que de nuit dans les environs.

L'officier suivit ponctuellement ces instructions. Il arriva le soir quand tout était obscur, et alla camper dans une petite clairière, située à une demi lieue de Trébriant.

Le lendemain, de très-bonne heure, par son ordre, deux soldats déguisés en mendiants s'en furent rôder autour du manoir pour voir ce qui s'y passait. A peine furent-ils en vue de Trébriant, qu'ils aperçurent autour des murs de la cour plusieurs ouvriers occupés à déjeuner. Ceux-ci leur ayant fait l'aumône, la conversation s'engagea de part et d'autre. Les faux mendiants s'informèrent s'il ne leur serait pas permis d'entrer pour implorer la pitié du seigneur du lieu.

Les ouvriers leur répondirent qu'ils leur

conseillaient de s'éloigner et de ne pas chercher à pénétrer dans la cour, parce que le Châtelain, qui devait bientôt partir, était alors à table, et qu'ils seraient impitoyablement chassés ou maltraités par le concierge, homme extrêmement dur et sans pitié pour les malheureux. Les soldats, joyeux de ce qu'ils venaient d'apprendre, se hâtèrent de s'éloigner tout en examinant les alentours du château et les chemins qui y conduisaient. Après cet examen, dès qu'ils furent à une certaine distance, ils s'élancèrent au pas de course vers l'endroit où étaient cachés leurs compagnons.

Le lieutenant, qui était un homme plein de finesse et de résolution, après avoir écouté attentivement le rapport de ses gens, ne douta plus que La Fontenelle ne sortît dans quelques heures pour regagner Coadélan. Immédiatement, il commanda à sa troupe de se mettre en marche et de s'approcher au plus vite de Trébriant, en évitant cependant de se montrer à découvert. C'est ainsi qu'en prenant toutes sortes de précautions, en marchant à travers les landes, les genêts et les chemins creux, ils arrivèrent le long d'un assez large sentier par lequel ils espéraient que passerait Guy-Eder.

Il était environ neuf heures du matin, lorsque les soldats de la garnison de Morlaix entrèrent dans un petit bois situé sur le bord de la route. La journée était magnifique et déjà le soleil brûlant d'août commençait à percer à travers l'épaisseur du feuillage.

Aussitôt le lieutenant de Coëtnizan fit attacher ses chevaux à une certaine distance, dans un bas-fond, de peur que leur vue n'éveillât les soupçons de La Fontenelle. Il donna ensuite l'ordre à tous ses soldats de se coucher à plat-ventre derrière la haie de saules et de noisetiers qui bordait le chemin, et leur défendit de se lever avant qu'il les appelât. Ayant pris toutes ces dispositions, l'officier plein d'impatience attendit une heure sans rien apercevoir. Un moment il désespéra de réussir ce jour-là, pensant que La Fontenelle ne se rendrait point à Coadélan, mais que seulement il irait se promener dans les environs. Cependant, bientôt il ne put s'empêcher de tressaillir en apercevant à une petite distance deux hommes à cheval qui venaient droit à lui.

Le lieutenant devina facilement que l'un de ces individus n'était autre que ce terrible capitaine dont le nom seul était un objet d'épouvante pour la population bretonne. Aussi, malgré son courage, il faut le dire, il ne put se défendre d'une certaine émotion en voyant La Fontenelle si près de lui. Dès que celui-ci fut tout-à-fait en vue, l'officier qui, avec intention, ne s'était revêtu d'aucun insigne militaire, s'empressa de sortir du bois et de s'avancer en avant, ayant soin de donner à son cheval l'allure paisible que prend ordinairement un bon gentilhomme campagnard voyageant pour ses affaires ou son plaisir.

Sa présence sur la route n'échappa pas à l'œil exercé de Guy-Eder, mais elle ne lui inspira aucune défiance.

En ce moment le lieutenant se trouva en face de La Fontenelle.

— Monsieur, s'écria-t-il en se découvrant, pourriez-vous me dire si je suis encore bien éloigné de Trébriant ?

En prononçant ces mots, il s'avança si près du partisan, que le poitrail de leurs chevaux se touchait.

— Auriez-vous affaire à ce manoir? demanda La Fontenelle d'un air soupçonneux.

— Oui, Monsieur, repartit le lieutenant avec force, j'ai à parler au propriétaire de ce château.

— En ce cas, vous vous adressez bien, dit La Fontenelle en riant, car le maître de Trébriant est devant vous.

— Eh bien! alors dit le lieutenant en saisissant Guy-Eder à la gorge, je vous arrête au nom du Roi!

Et, en prononçant ces paroles, il poussa un cri perçant qui fut répété par les échos d'alentour.

A cet appel, les soldats se levèrent tout-à-coup et se ruèrent avec rage sur La Fontenelle, qui était parvenu à se dégager des mains du lieutenant. Mais ce fut en vain que Guy-Eder essaya de tirer son épée pour écarter ces hommes, dont il cherchait à expliquer l'apparition soudaine, car pendant qu'il se dégageait d'un côté, un soldat d'une force prodigieuse s'était élancé sur la croupe de son cheval, et l'avait saisi à bras le corps, menaçant de l'étouffer dans sa puissante étreinte. Déjà le valet qui l'accompagnait avait été entouré et garrotté étroitement. Quant à lui, il ne pouvait faire mouvoir son cheval, dont plusieurs soldats tenaient la bride.

Les canons de trente arquebuses dirigés contre sa poitrine menaçaient de faire feu. Dans cette situation critique, le sang monta au visage de La Fontenelle et un tressaillement convulsif agita tout son corps. Ses traits décomposés par la rage qui le brûlait intérieurement, devinrent effrayants. Ses yeux flamboyants, d'où jallissaient mille étincelles, semblaient prêts à foudroyer les gens de Coëtnizan.

Ceux-ci, qui ne s'étaient jamais fait l'idée qu'un homme pût arriver à un semblable paroxysme de fureur, furent saisis à la fois d'étonnement et d'effroi ; cependant ils ne continuèrent pas moins à coucher en joue Guy-Eder.

— Misérables traîtres! hurla celui-ci

d'une voix formidable ; d'où venez-vous, et que me voulez-vous ?

En disant ces mots, de l'une de ses mains qui était libre, il exerça une pression si puissante sur le bras de l'homme qui le tenait embrassé, que le soldat vaincu par la douleur poussa un cri et lâcha prise.

Pendant ce temps un des assaillants lui arrachait son épée, et six autres, s'élançant sur lui et l'attaquant à la fois par derrière et par devant, parvenaient à le lier sur son cheval malgré sa force prodigieuse. En sentant ses efforts impuissants, La Fontenelle lança un dernier regard sur l'officier et sur ses soldats.

En ce moment ses yeux étaient ceux de l'hyène à qui l'on vient d'arracher ses petits, ou bien encore c'était le tigre abattu et mourant qui rugit de fureur en voyant sa force et sa férocité inutiles, mais qui dévore de son regard de feu l'ennemi sous les coups duquel il va expirer.

— Monsieur de La Fontenelle, lui dit le lieutenant, vous êtes prisonnier du gouverneur de Morlaix. C'est lui qui, par ordre du Roi, m'a chargé de vous arrêter. Je vais maintenant vous conduire devant mon capitaine.

— Allons, enfants, en marche ! commanda-t-il.

Aussitôt la troupe qui était déjà à cheval, s'ébranla vers Morlaix,

La Fontenelle, toujours étroitement lié, fut confié, pendant la route, à la garde de deux soldats.

CHAPITRE XXXIX.

A LA BASTILLE.

Le soir de son arrestation, La Fontenelle arriva à Morlaix, où il passa la nuit. Le lendemain, Coëtnizan, se conformant à ses instructions, fit partir son prisonnier sous bonne escorte.

Quelques jours après, Guy-Eder était incarcéré à la conciergerie de Rennes, où il ne resta que fort peu de temps. Par ordre de Montbarrot, gouverneur de cette ville, il fut dirigé sur Paris, où, après un voyage de quinze jours, il arriva souffrant et brisé.

Il était environ neuf heures du matin, quand il fit son entrée dans la capitale. Il avait été placé sur un cheval, les mains liées derrière le dos, et marchait au milieu d'une double rangée de gardes. Les traits de son visage paraissaient altérés plutôt par la colère et par la rage que par la fatigue de la route, et l'on remarquait encore dans sa personne, à l'heure de l'adversité, toute sa fierté d'autrefois. Son œil d'aigle brillait du même éclat qu'aux jours de son opulence et de sa prospérité ; il ne se baissait aucunement devant les regards des curieux qui s'échelonnaient sur son passage dans les rues qu'il traversait.

Du reste, pour ces hommes avides d'un pareil genre de spectacle, il n'était qu'un prisonnier vulgaire, tout-à-fait inconnu. Ces gens étaient bien loin de penser que l'homme qui s'était fait une aussi effrayante renommée, fût en cet instant devant eux. Certes, si la populace parisienne, en tout temps si insatiable d'émotions, avait su que, ce jour-là, le gentilhomme brigand arriverait à Paris et serait conduit à la Bastille, elle n'eût pas manqué de se presser en foule sur sa route. Elle eût été heureuse de pouvoir contempler les traits de celui dont elle avait entendu raconter de si épouvantables histoires. Mais elle n'avait été instruite de rien. Pour elle, La Fontenelle n'était donc qu'un captif ordinaire; seulement elle s'étonnait de trouver en lui tant de noblesse et de distinction.

L'escorte arriva bientôt devant un édifice d'aspect sinistre. C'était le donjon de la Bastille - Saint-Antoine avec ses énormes tours et ses larges fossés.

A peine si La Fontenelle eut le temps de jeter un coup-d'œil sur ce château-fort, que le pont-levis s'abaissait devant lui et que, chargé de chaînes, il était plongé au fond d'un cachot encore plus horrible que celui qui lui avait servi de prison au Châtelet. Son arrestation avait été si soudaine et si imprévue, qu'il avait peine à croire à l'effrayante réalité de sa situation actuelle.

Etendu sur quelques brins de paille humide, et perdu dans les ténèbres, il était en proie aux pensées les plus amères.

— Malheureux Guy-Eder, se disait-il, quand les portes d'une prison s'ouvrent pour te rendre la liberté, bientôt une autre se referme sur toi! Hier c'était Rennes, aujourd'hui c'est Paris, demain sans doute ce sera l'échafaud!... Maintenant plus d'horizons pour tes yeux, plus de doux soleil, plus de courses à travers les belles campagnes de la Bretagne! Adieu beaux ombrages de Coadélan et de Beaumanoir, je ne vous reverrai plus jamais!

Quand La Fontenelle songeait que toutes les précautions qu'il avait prises pour résister à ses ennemis avaient été inutiles, et qu'un seul jour avait suffi pour l'arracher au paisible bonheur qu'il goûtait près de Marie, oh! alors, ivre de fureur, il se tordait les mains de désespoir. Puis, lorsqu'il pensait que le jour fatal de son arrestation avait été ignoré de sa famille et qu'il lui avait été défendu d'écrire à Marie et à son frère, il sentait sa tête se perdre, et dans sa douleur il s'écriait :

— Pauvre frère, pauvre Marie! vous êtes perdus tous les deux pour moi désormais, et je n'aurai pas la consolation de vous serrer une dernière fois sur mon cœur! Il faut donc que La Fontenelle sache quelles angoisses l'homme privé de la clarté du ciel éprouve quand il est seul, et qu'il est enseveli tout vivant dans l'ombre entre quatre murailles humides et glacées !... Il faut qu'il s'accoutume à la voix sinistre des geôliers de la Bastille, et qu'il juge par lui-même s'ils sont aussi impitoyables que ceux de l'île Tristan !... Ici les rôles sont changés, le bourreau est devenu la victime. Jadis s'il a fait souffrir, maintenant c'est à lui à connaître la torture !

Les pressentiments de Guy-Eder ne l'avaient pas trompé. L'acharnement de ses ennemis et leur soif de vengeance ne devaient finir qu'après sa mort.

Peu à peu, s'habituant à l'obscurité qui régnait autour de lui, il s'aperçut que son cachot n'avait point de fenêtres et que l'air n'y était renouvelé par aucun soupirail. Et cependant dans cet affreux séjour, malgré ses horribles angoisses, il respirait plus à l'aise qu'en plein air, parce qu'il se trouvait débarrassé des archers et des gardes qui l'avaient accompagné depuis son départ de Morlaix.

Oh ! comme il avait souffert pendant le

long trajet de cette ville à Paris! Pour La Fontenelle, si habitué à commander aux autres et à voir tous ceux avec lesquels il était en contact se courber devant lui ou trembler à son aspect, cette longue marche, à travers les grands chemins, les villes et les bourgs, avait été un cruel supplice! Combien de fois, pendant ce voyage si pénible, n'avait-il pas souhaité d'avoir les mains libres, pour pouvoir, avec une épée, s'élancer comme un lion sur les soldats de Goëtnizan et mourir les armes à la main, au lieu d'aller finir sa vie sur l'échafaud?

CHAPITRE XL.

LA CONDAMNATION.

Le jour de l'expiation approchait.

L'interrogatoire de La Fontenelle commença. Lorsqu'il fut terminé, le 14 septembre, le sieur Rapin, lieutenant de Robe Courte porta à messieurs du Grand Conseil les charges et informations du procès qu'il avait instruit, avec ordre de mettre Guy-Eder en jugement (1). Alors, dans tout Paris on ne parla plus que de La Fonte-

(1) Historique. — Voyez l'*Etoile*.

nelle, accusé d'avoir trempé dans la conspiration du maréchal Biron. Bientôt, au nom du Roi et à la requête de la famille La Villerouaut, le cadet des Beaumanoir fut traduit devant la Grand'Chambre, présidée par Achille de Harlay.

Son jugment marcha avec une grande rapidité. Comme le Parlement ne pouvait trouver des preuves bien convaincantes de sa complicité avec Biron, il fit revivre ceux de ses crimes qui n'étaient pas des faits militaires, lesquels n'avaient pas été détaillés dans l'amnistie du Roi.

Ainsi il fut accusé : « d'avoir, contre la
» foi des serments, donné la mort au sieur
» La Villerouaut et fait déshonorer sa
» malheureuse femme par ses soldats; d'a-
» voir fait périr deux prisonniers de guerre,
» l'un de faim et l'autre en lui donnant
» une trop grande abondance de nourri-
» ture; enfin, d'avoir commis toutes sortes
» d'atrocités dans la Cornouaille (1). »

(1) L'*Etoile*, de Thou et Sully affirment, dans leurs mémoires, que La Fontenelle fut convaincu d'avoir traité secrètement avec les Espagnols pour leur livrer Douarnenez.

Ces crimes ayant été bien prouvés, La Fontenelle fut condamné à la peine de mort.

L'arrêt porta qu'il serait d'abord appliqué à la question ordinaire et extraordinaire; que son corps serait traîné sur la claie dans les rues de Paris; puis qu'il serait roué en place de Grève et exposé sur la roue.

Henri IV pardonna à tous ceux qui furent compromis dans la conspiration de Biron; mais il ne crut pas devoir faire grâce à La Fontenelle. Il comprit qu'en cette circonstance il fallait faire un exemple et punir le meurtre et le brigandage. D'ailleurs, on doit se le rappeler, déjà le Parlement de Rennes avait demandé plusieurs fois la tête du partisan, et le Béarnais lui avait trop d'obligations pour soustraire le coupable à sa vengeance.

Cependant, le Roi, en considération de l'illustre maison à laquelle il appartenait, permit que dans l'arrêt, le nom de la famille Beaumanoir ne serait pas cité.

On ne peut se figurer l'affluence de curieux qui assistèrent à ces débats. La salle d'audience était trop petite pour les contenir. Non-seulement les bons bourgeois de Paris se promettaient d'aller voir expirer sur la roue ce terrible gentilhomme ; mais ils voulaient aussi suivre attentivement son procès depuis la première séance jusqu'à la dernière. Pendant le cours de cette affaire, le courage et l'énergie de l'accusé ne l'abandonnèrent pas un seul instant. Parfois seulement, au milieu de son interrogatoire, en songeant aux moyens qu'on avait employés pour se saisir de sa personne, il comprimait bien difficilement la fureur qui grondait au fond de son âme. Dans ces moments, les juges, frappés de l'étrange expression de ses traits, avaient peine à soutenir son regard de démon.

La Fontenelle dédaigna de répondre à plusieurs des questions qui lui furent adressées, et il s'éleva avec beaucoup d'énergie contre la ruse dont on s'était servi pour l'arrêter. Il ajouta qu'étant capitaine au service du Roi, il était loin de s'attendre à une pareille façon d'agir, et qu'il se serait empressé, au premier avis de la Grand'Chambre, de se rendre à Paris pour venir se mettre à sa disposition. Il sut dissimuler sa fureur et son désespoir aux yeux du greffier et des autres officiers de justice qui vinrent lui donner lecture de sa sentence de condamnation. Quand il les eut vus partir et qu'il eut entendu les verroux de sa prison se refermer sur lui, il comprit que tout était fini, et qu'il n'y avait plus d'espoir ; puisque son arrestation étant inconnue des siens, personne ne pourrait venir solliciter en sa faveur. D'ailleurs, quand bien même la nouvelle de son malheur parviendrait à sa femme ou à son frère, leurs démarches seraient inutiles ; car dans quelques jours il aurait cessé de vivre.

— Non, pensa-t-il, je n'ai rien à attendre d'un roi dont les lettres d'abolition et le pardon n'étaient que mensonge !... Le tour est bien joué, et mes ennemis, en me perdant, ont su m'enlever toutes les chances de salut que j'avais en mon pouvoir. Mon cousin Lavardin, qui seul eût pu me sauver, est maintenant en Bourgogne (1). Eh bien ! puisque la prédiction que m'a faite d'Aumont à Corlay doit s'accomplir et que demain peut-être il me faudra mourir à la face de

(1) En 1602, Lavardin avait été effectivement envoyé par le roi en Bourgogne, pour soumettre cette province.

tout un peuple, je ne dois plus songer qu'à braver la torture et à finir en homme de cœur!..

En cet instant Guy-Eder, comme si toutes ces cruelles pensées eussent pesé trop violemment sur son organisation irritable, tressaillit ; ses chaînes s'agitèrent, et il s'écria tout haut avec une grande exaltation:

— Plus le supplice qui tue est ignoble, et plus le supplicié, au moment suprême, doit être digne et résigné! Il faut, si la foule accourt pleine de joie à mon exécution, qu'elle soit satisfaite en se retirant, et qu'elle applaudisse à la fin courageuse du Brigand de la Cornouaille! Que ma dernière heure sonne donc, et je montrerai au peuple de Paris comment sait mourir La Fontenelle sur un échafaud, quand il ne peut pas finir sur un champ de bataille !

Après ces paroles, la belle tête blonde du partisan retomba sur sa poitrine et une larme coula le long de sa joue. Alors il se mit à réfléchir aux jours de son enfance passés si tranquillement à Beaumanoir chez son frère, et cette fois encore, il se reprocha d'avoir empoisonné l'existence de ce bon gentilhomme. Ses réflexions se reportèrent ensuite sur Marie, sur Clara, sur ses anciens compagnons d'armes et sur tous ceux qui lui avaient témoigné quelque affection. Il repassa dans sa mémoire tous les actes de sa vie, et fit une sorte d'examen de conscience, dans lequel il déplora les crimes dont il s'était rendu coupable. Il demanda enfin pardon à Dieu devant qui il allait bientôt paraître, le suppliant de vouloir lui pardonner toutes les fautes et les scélératesses qu'il avait commises.

Après cette prière, lorsque vint la nuit, il s'endormit calme et tranquille, car il était résigné à son sort.

CHAPITRE XLI.

RÉSIGNATION.

Certes, La Fontenelle fut un grand coupable et un monstre de cruauté ; mais cette guerre de la Ligue dans laquelle il joua un des principaux rôles sans s'embarrasser des moyens qui devaient lui acquérir un nom, ne fit qu'exciter ses cruels instincts, en irritant sans cesse la fougue de son caractère.

Loin de nous la pensée de vouloir l'excuser et d'être ici son panégyriste ; mais cependant nous croyons que le temps où il vécut eut une grande influence sur sa conduite. Peut-être que si, au lieu d'être né dans une province en proie à la guerre civile, il eût vu le jour dans un autre siècle et dans un milieu différent de celui où le sort l'avait placé, il serait devenu un grand capitaine, capable de rendre les plus grands services à sa patrie.

Nourri dans les mêmes sentiments que la noblesse bretonne, il avait toujours eu en haine le protestantisme et avait vu avec peine la fusion de son pays avec la France. Aussi, comme la plupart de ses compatriotes, dans le principe il ne chercha qu'une occasion de se venger de la défaite qu'avaient essuyée les Bretons à Saint-Aubin du Cormier. Mais ensuite, il avait travaillé pour son propre compte, et, poussé par ses rêves ambitieux, il avait foulé aux pieds les lois divines et humaines.

Pendant que le prisonnier attendait la mort dans son cachot, voici ce qui s'était passé en Bretagne.

Du Granec, après la perte de son père, n'avait pas voulu demeurer plus longtemps au château du Laz ; il avait bientôt décidé Clara à l'accompagner à Paris avec la vieille Ursule. Peu de jours après son arrivée dans la capitale, il apprit avec étonnement l'incarcération de La Fontenelle à la Bastille.

Ce ne fut qu'une semaine après l'arrestation de celui-ci, que cet événement fut connu à Coadélan. De Romar, en faisant des recherches dans les environs pour retrouver son maître, vit à Plestin des gens qui lui dirent avoir rencontré à Morlaix La Fontenelle prisonnier, et conduit par les soldats du gouverneur Coëtnizan. Marie passa dans de mortelles inquiétudes les jours qui suivirent l'étrange disparition de son époux, se demandant où il pouvait être allé en sortant de Trébriant. Tantôt elle se livrait à l'espoir que peut-être, sans la prévenir, il s'était dirigé vers le château de Beaumanoir-Eder ; tantôt elle supposait qu'il était à Mézarnou où, depuis long temps, il avait formé le projet de se rendre. C'était en berçant son cœur de semblables espérances qu'elle cherchait à se consoler de cette absence qu'elle ne pouvait expliquer autrement. Ce ne fut qu'après bien des précautions et en usant de grands ménagements, que De Romar se décida à lui annoncer ce qu'il avait découvert.

Il faut renoncer à décrire le désespoir de la pauvre femme en cette occasion. Sa douleur fut si vive, que madame de Mézarnou, qui se trouvait alors à Coadélan, craignit pour sa fille les suites de cette terrible émotion. Sourde à toutes les consolations que lui prodiguait sa mère, Marie ne parut se calmer un peu qu'à l'arrivée du baron de Beaumanoir.

Celui-ci éperdu, désespéré à la nouvelle de l'affreux malheur qui venait encore de le frapper au moment où il espérait enfin vivre sans inquiétudes, était accouru pour voir sa belle-sœur et pour s'entendre avec madame de Mézarnou sur ce qu'il y avait à faire dans une situation aussi difficile. Peu à peu et malgré ses propres appréhensions, il parvint à apaiser les anxiétés de Marie ; mais quoi qu'il pût lui dire pour la consoler et la rassurer, elle déclara qu'elle voulait aller elle-même se jeter aux pieds du Roi et implorer sa clémence. Elle ajouta que ce voyage était nécessaire ; qu'elle était certaine que, cette fois, les jours de son mari étaient en péril, parce que ses ennemis avaient su réunir tous leurs efforts pour le perdre. Cependant le Baron, par ses justes et sages représentations, finit par lui démontrer l'inutilité de cette démarche.

— Espérez en Dieu ! bonne Marie, lui dit-il, et ne désespérez pas de voir peut-être dans quelques jours La Fontenelle de retour à Coadélan. Mais, je vous en prie, renoncez à l'idée de vous rendre à Paris et fiez-vous à moi pour vous remplacer dans cette circonstance. Je sais que pour vous ni les fatigues ni les longueurs du chemin ne sont des obstacles, car vous possédez une énergie et un courage bien au-dessus de votre sexe; cependant j'ose me flatter que vous voudrez écouter mes avis et que vous ne partirez point. Demain donc, vous pouvez en être certaine, à la pointe du jour je me mettrai en route avec De Romar, et je remplirai vos intentions. Dès mon arrivée, accompagné du maréchal de Lavardin, je me rendrai à la cour et j'implorerai la clémence royale. En un mot, je sauverai mon frère et le ramènerai dans vos bras. Remarquez bien encore, ma chère Marie, que je ne parle que dans l'hypothèse où sa situation serait aussi désespérée que vous vous l'imaginez, chose dont nous n'avons aucune certitude. Soyons donc assez sages pour ne pas nous alarmer d'avance.

— Oh! merci, mon bon frère, de tout ce que vous voulez bien faire pour moi, s'écria Marie tout émue ; je me rends à vos paroles et renonce à mon voyage, persuadée que, bien mieux que moi, vous réussirez à toucher le cœur du Roi et à lui arracher un pardon définitif.

Le lendemain de cette conversation, c'est-à-dire vers le 15 septembre, le Baron, suivi de De Romar, de Quilliec et de quelques autres serviteurs, se mit en route pour Paris.

Marie et madame de Mézarnou, résignées, restèrent seules à Coadélan, faisant des vœux pour que les efforts et les démarches de Beaumanoir fussent couronnés de succès.

CHAPITRE XLII.

ENCORE DU GRANEC!

Le jour fatal où la torture devait s'acharner sur La Fontenelle se leva enfin.

Le vendredi, 27 septembre, suivant l'arrêt qui avait été rendu contre lui, il fut appliqué à la question ordinaire et extraordinaire. La veille il avait reçu l'absolution après s'être confessé à un vieux prêtre qui, depuis sa détention, était venu souvent le visiter dans son cachot. Les paroles pieuses et consolantes du vénérable ecclésiastique ne firent que ranimer le courage qu'il s'était bien promis de conserver jusqu'aux derniers moments de sa vie.

Il subit l'horrible torture, dite des Brodequins, avec une énergie et un sang-froid qui étonnèrent les tourmenteurs. En vain lui fit-on souffrir l'épreuve des Quatre-Coins qui broient à la fois les chairs, les nerfs, les muscles, et celle des Huit, qui brisent les os ; La Fontenelle n'avoua rien de sa prétendue complicité dans la conspiration de Biron. Dans cet état affreux de mutilation, il fut jeté dans le dégoûtant tombereau qui devait le conduire au supplice. A ses côtés, sur la même banquette, se plaça l'ecclésiastique qui l'avait confessé dans sa prison.

Le sang de Guy-Eder filtrait à travers les linges et les bandelettes qui enveloppaient ses jambes rompues.

C'était un spectacle bien triste et bien navrant que de voir assis dans cette ignoble charrette ces deux hommes arrivés au terme de leur existence ! Seulement, dans le dernier voyage, le jeune homme allait devancer le vieillard de quelques pas. Le premier, avec ses longs cheveux blonds baignés de sueur et les traits décomposés par les épouvantables souffrances qu'il venait d'endurer, était jeune et beau ; le second vieux et cassé.

La Fontenelle avait à peine vingt-huit ans; le prêtre était plus qu'octogénaire. Si l'on avait ignoré quelle mission celui-ci remplissait auprès du condamné, on aurait pu croire que c'était un père qui, en proie à de mortelles inquiétudes, ramenait son fils trouvé dangereusement blessé sur quelque champ de bataille.

Une pluie fine et glacée tombait quand le patient prit le chemin de la Grève, et un noir brouillard enveloppait toute la ville.

Une foule de curieux, poussant d'horribles clameurs, formaient la haie sur le passage de La Fontenelle.

—Le voilà, le voilà, c'est La Fontenelle ! c'est La Fontenelle ! s'écriaient-ils avec frénésie.

C'était avec bien de la peine que les gardes et les archers, parvenaient à frayer un passage au sinistre tombereau, tant le peuple se pressait en avant pour tâcher d'apercevoir la figure du Brigand de la Cornouaille.

La Fontenelle, malgré son extrême pâleur, avait quelque chose de si effrayant dans l'expression de sa physionomie, qu'on avait peine à supporter les éclairs qui jaillissaient encore de ses yeux.

Toutes les fenêtres devant lesquelles il passait, étaient encombrées de spectateurs. A mesure qu'il approchait de la place de St-Jean-en-Grève, la foule devenait plus compacte et le tumulte plus grand. On n'entendait alors que les rires et les cris sauvages de la populace. Elle avait le cœur à la joie, car bientôt elle allait assister à un de ces spectacles dont elle est toujours si avide. Il lui était impossible d'attendre en silence le drame affreux qui se préparait. Il lui fallait les vociférations, les clameurs et surtout ce désordre sans lequel il n'est pas de fêtes pour elle.

Pendant cette marche, le prêtre ne cessait d'adresser à La Fontenelle de religieuses exhortations, que celui-ci semblait écouter avec la plus grande attention.

Quelque temps avant qu'on arrivât à la

place de Grève, un homme et une femme, que le hasard seul paraissait avoir conduits devant la charrette, semblaient chercher à distinguer les traits du condamné. A peine l'eurent-ils aperçu, qu'une vive émotion se manifesta sur leurs visages; mais l'effet produit fut tout différent. L'homme pâlit, et la femme rougit. C'étaient Du Granec et Ursule Mescoat qui revenaient de faire ensemble quelques achats en ville.

Ce jour-là, Clara se trouvant indisposée était restée à la maison et n'avait pas voulu les suivre dans cette sortie. Bien que Du Granec fût informé de la condamnation de Guy-Eder, cependant il croyait que le jour de son supplice était encore éloigné. Quelquefois même, il pensait que peut-être le coupable ne serait pas exécuté, et que le Roi, en considération de sa famille, lui ferait grâce.

Tout récemment, Du Granec avait reçu une lettre du baron de Beaumanoir, dans laquelle celui-ci lui annonçait sa prochaine arrivée à Paris. Il ne doutait donc pas qu'Amaury, par l'entremise de ses nombreux amis, ne parvînt à sauver son frère de l'échafaud. Aussi, on ne peut se figurer combien fut grand son étonnement, et quelle fut sa stupéfaction en voyant son ancien ennemi marcher à la mort. Au même moment le condamné et Du Granec se reconnurent.

Alors La Fontenelle, malgré la situation où il se trouvait, attacha sur le jeune Pratmaria, son regard haineux et terrible avec une fixité vraiment fascinante. Puis, il murmura ces mots que personne n'entendit :

— Du Granec!... encore lui!...

Celui-ci, vivement impressionné, détourna les yeux de cet affreux spectacle. En présence de son ennemi allant au supplice, sa haine avait disparu !

— Eh bien ! monsieur ? s'écria tout-à-coup Ursule en comprimant avec force le bras de son maître ; ne vous avais-je pas toujours dit, à vous et à Clara, que La Fontenelle était un scélérat et qu'il périrait sur l'échafaud ? Oui, cela devait arriver, car, à l'époque où j'habitais avec lui au château de Beaumanoir, jamais je n'ai pu le regarder en face sans frémir.

— « Va-t-en recevoir le prix de tes crimes ! dit-elle hors d'elle-même en semblant menacer La Fontenelle, qui alors était à une certaine distance. Le jour où la Cornouaille apprendra ton supplice, ses villes, ses bourgs et ses chaumières tressailliront de joie, et ses habitants remercieront le Roi de les avoir enfin vengés ! »

Du Granec, pressé par la foule, dont il ne parvint à se dégager qu'avec peine, n'entendit point ces paroles. Quelques minutes après, il était de retour avec Ursule au logis, où il racontait à sa femme la triste rencontre qu'il venait de faire.

Clara ne put s'empêcher de donner des larmes à La Fontenelle, pour lequel elle avait ressenti un moment de l'inclination, et puis son chagrin s'accrut encore quand elle vint à réfléchir au coup affreux qui frappait son parrain Beaumanoir.

CHAPITRE XLIII.

LA ROUE.

Cependant le tombereau venait d'arriver sur la sinistre place.

Là, la foule était encore plus grande que dans les rues. Une multitude de têtes humaines serrées les unes contre les autres surgissaient de tous les points de la Grève. Les vieilles et sombres maisons de bois et de pierre dont elle était bâtie regorgeaient de spectateurs. Les fenêtres et les toits se trouvaient garnis comme le sont les loges de nos théâtres un jour de représentation extraordinaire. Les sexes aussi bien que les rangs étaient confondus dans cette horrible mêlée. Le manant était à côté du gentilhomme, et la noble dame était coudoyée par la femme du peuple. De nos jours, si la curiosité est peut-être aussi forte, la pudeur oblige au moins à se cacher davantage.

En ce moment La Fontenelle venait d'apercevoir l'échafaud, sur le milieu duquel était attachée à plat la terrible croix de Saint-André (1). Il regarda cet épouvantable appareil sans sourciller, et aucune émotion ne se montra sur son visage.

Une foule d'archers et de hallebardiers refoulaient le peuple et faisaient élargir la place autour de l'échafaud. Maître Rapin, lieutenant de robe courte, présidait à l'exécution.

Le funèbre véhicule était alors parvenu au terme de sa course.

---

(1) Ce supplice ne fut institué en France que sous François Ier. Cette croix était faite avec deux solives en forme oblique, croisées en X et assemblées au milieu.

Guy-Eder, après avoir embrassé le Christ que lui présentait le prêtre, fut enlevé du tombereau, déshabillé par les aides du bourreau et porté par eux sur l'échafaud, car le malheureux ne pouvait ni se soutenir, ni marcher ; ses jambes étaient brisées et ses os avaient éclaté sous la pression des coins.

A la vue de ce beau et noble gentilhomme qui allait mourir, une immense clameur sortit du milieu de la foule.

— Tenez, regardez bien, disait l'un, le voici celui qui a détruit Penmarc'h, et qui a pillé Pont-Croix.

— C'est ce brigand, s'écriait un autre, qui a massacré deux mille paysans à Plogastel, et si sa trahison n'eût pas été découverte, le scélérat allait livrer la Bretagne aux Espagnols.

— C'est égal, c'était un brave, je vous en réponds, disait un soldat à ceux qui l'entouraient : Je me rappelle avoir combattu à ses côtés à la bataille de Craon, et je puis vous assurer qu'il n'avait pas plus peur d'un coup d'épée que de la balle d'une arquebuse. Je suis fâché pour lui qu'il n'ait pas trouvé la mort sur quelque champ-de-bataille.

Et puis on parlait de sa naissance illustre, de sa parenté avec Lavardin, et on s'étonnait que le Roi ne lui eût pas pardonné.

Aucune force, à cette heure, n'eût été capable d'arracher La Fontenelle des mains de la justice. Les soldats de l'île Tristan, seuls, s'ils eussent été tous réunis sur la place, auraient bien certainement affronté la mort pour le sauver; mais ils étaient alors éparpillés en différents lieux et ne devaient plus revoir leur capitaine. D'ailleurs, Guy-Eder eût-il pu échapper au supplice, qu'il ne s'en fût plus soucié. Pouvait-il bien encore désirer vivre en ce monde avec ses membres brisés par la torture? Non, il le sentait, pour lui l'existence n'était plus possible… il lui fallait la mort!..

En ce moment dix heures sonnèrent à l'Hôtel-de-Ville. C'était l'heure fixée pour l'exécution.

Aussitôt La Fontenelle nu, en chemise, les bras et les pieds assujétis par des cordes, fut couché sur la croix de Saint-André.

Sa tête, reposant sur une pierre, regardait le ciel.

Le vieux prêtre était à genoux près de lui, récitant des prières et l'exhortant à la mort.

Soudain le bourreau, au signal du lieutenant Rapin, leva sa barre, et l'un des bras de La Fontenelle fut brisé en deux endroits. Alors celui-ci, après avoir jeté un dernier regard sur la foule pour voir s'il n'y distinguerait pas une figure amie, murmura ces paroles qui ne furent entendues que des personnes placées tout près de lui.

— Adieu Marie ! Adieu mon frère !... Je ne vous reverrai plus !...

Puis la lourde barre tomba successivement sur chacun de ses membres, qu'elle brisa ainsi que ses reins. Enfin le bourreau termina son horrible ministère en déchargeant, de toutes ses forces, deux autres coups sur la poitrine de La Fontenelle. Son corps ayant été ensuite délié, fut porté sur une petite roue horizontale. Alors l'exécuteur, après avoir plié les cuisses du patient de façon que ses pieds touchassent au derrière de sa tête, le lia à cette roue, où il le laissa exposé au regard du public.

Il y avait plus d'un quart d'heure qu'il était ainsi sur la roue, quand deux hommes, fendant la presse, se trouvèrent tout-à-coup au pied de l'échafaud. Aussitôt l'un deux poussa un cri terrible qui retentit au loin sur la place ; puis ce malheureux tomba évanoui dans les bras de son compagnon. C'était le baron Amaury.

Le jour même où Beaumanoir arrivait à Paris avec DeRomar, La Fontenelle marchait au supplice. Malgré la célérité qu'il mit à exécuter son voyage, il arriva trop tard ! Chaque fois que le Baron venait dans la capitale, il allait loger chez un de ses amis qui habitait les environs de l'Hôtel-de-Ville. Comme pour arriver à ce logement, il lui fallait traverser la Grève, le hasard voulut qu'il y passât au moment même où son frère agonisait. En vain, en cette occasion, De Romar, comme s'il eût été averti par un secret pressentiment, fit tous ses efforts pour l'empêcher d'approcher de trop près, lui représentant que c'était sans doute l'exécution de quelque scélérat obscur, sa voix fut méconnue. Le Baron s'avança jusqu'en face de la roue.

Si l'émotion qu'il ressentit en reconnaissant Guy-Eder fut affreuse, celle qu'éprouva De Romar fut aussi bien cruelle. La vue de son ancien capitaine, étendu sur cette ignoble roue, causa au lieutenant une douleur comme jamais il n'en avait ressenti dans toute son existence de soldat. Un moment il douta de la réalité et se crut sous le coup d'une illusion étrange ; mais bientôt il ne fut que trop certain de son épouvantable découverte. Comme il cherchait à contempler une dernière fois les traits de La Fontenelle, l'évanouissement subit du Baron l'obligea de voler à son secours, et avec l'aide de Quilliec qui ne se trouvait alors qu'à une petite distance, il transporta sur-le-champ Beaumanoir à son logis.

A travers le voile funèbre qui s'étendait sur lui, La Fontenelle reconnut son frère et son lieutenant. Au milieu des tortures de sa lente agonie, cette vue lui fit du bien et fut une grande consolation pour ses derniers moments. Cependant peu à peu la vie commença à l'abandonner ; ses yeux se fermèrent; puis ils se rouvrirent encore pour se reporter vers le ciel. Ce suprême regard fut suivi d'une horrible convulsion dans laquelle tous les traits de son visage devinrent effrayants à voir. Une seconde après, il était d'une pâleur livide.

Le bourreau toucha alors sa tête; elle était glacée.... La justice humaine était satisfaite.

Le terrible partisan n'était plus! le baron de La Fontenelle, le brigand de la Cornouaille avait cessé de vivre!

Avant d'expirer, il avait langui six quarts d'heures sur la roue!

Peu à peu la foule satisfaite s'éloigna, et bientôt la place de Grève fut entièrement déserte.

Avant que le cadavre du dernier Ligueur eût été détaché de la roue, sa tête fut séparée du tronc; conformément à l'arrêt du Parlement, elle fut transportée à Rennes et plantée sur la porte Toussaint.

ÉPILOGUE.

Quelques jours après le supplice du cadet des Beaumanoir-Eder, Du Granec et Clara, ayant appris l'arrivée du malheureux Amaury, s'empressèrent d'aller lui rendre visite. Ils ne pouvaient se dispenser de remplir ce triste et pénible devoir. Quand ils entrèrent, l'infortuné Baron était au lit, dans un état de grande souffrance ; il avait bien de la peine à se remettre du coup fatal qui venait de le frapper. Non-seulement il avait perdu un frère qu'il adorait, mais encore celui-ci avait terminé sa vie par une de ces morts qui entachent à jamais l'honneur d'une famille. Désormais le noble écusson des Beaumanoir était flétri... car La Fontenelle, juveigneur de cette maison, avait fini sur la roue.

A la vue de Du Granec et de Clara, la physionomie mélancolique de Beaumanoir s'anima tout-à-coup. Des larmes abondantes sillonnèrent son visage, et il parut éprouver un grand soulagement de leur présence.

— Merci de votre attention, mes bons amis, s'écria-t-il, soyez bien sûrs que mon cœur ne l'oubliera jamais !

Les deux époux attendris ne répondirent rien ; ils se contentèrent de s'incliner et de presser affectueusement la main que leur offrait le Baron, mais ils n'essayèrent point de lui prodiguer leurs consolations. Ils savaient trop bien que rien ne peut consoler les grandes peines du cœur, que le temps seul, sans les faire oublier, les adoucit, et qu'alors la tristesse et le silence sont le vrai langage de l'amitié. Leur visite fut donc extrêmement courte, et ils se retirèrent presque aussitôt.

Une semaine après, Amaury, auquel le séjour de Paris était devenu odieux, se mettait en route pour la Bretagne dans la compagnie de Du Granec, de Clara et de l'intendant De Romar. Du château de Beaumanoir où ils restèrent quelque temps se reposer, les voyageurs se rendirent tous à Coadélan pour voir la pauvre Marie qu'ils trouvèrent inconsolable et dans un état digne de pitié.

Monsieur et Madame de Mézarnou étaient alors près d'elle. Depuis la veille seulement, Marie avait appris l'affreuse nouvelle qui détruisait pour elle toute espèce de bonheur ; celui qu'elle aimait le plus au monde, était mort ignominieusement. Dans son désespoir, elle se reprochait de n'être pas allée se jeter aux pieds du Roi. Cependant sa douleur s'exhalait le plus souvent quand elle était seule, et dans les moments où personne ne pouvait entendre ses plaintes. C'était surtout devant son beau-frère, qu'elle s'efforçait d'être silencieuse et de paraître plus calme, parce qu'elle se rappelait que c'était lui qui s'était opposé à son départ. Comme elle avait appris depuis longtemps à connaître son noble cœur, elle se fût fait un crime de lui adresser quelques reproches.

En vain plus tard le Baron et Du Granec la supplièrent-ils de venir avec eux habiter à son gré ou Beaumanoir ou le château du Laz, elle les refusa obstinément, en disant qu'aucun séjour ne pourrait à l'avenir remplacer pour elle Coadélan, qui lui était devenu d'autant plus cher, que seul il lui rappelait La Fontenelle.

Amaury et Du Granec se gardèrent bien d'insister ; ils prirent la direction du Laz, où le Baron consentit à aller passer quelques mois.

Au bout d'une année de séjour à Coadélan, l'état de l'infortunée Marie, au lieu de s'améliorer, devint extrêmement alarmant. Sa profonde tristesse se transforma en une espèce de découragement et de langueur maladive, que la vue des lieux habités par La Fontenelle ne put dissiper, comme d'abord elle l'avait espéré. Au contraire même, les sites, les bois, les jardins qu'elle avait tant aimé naguère à parcourir avec lui, loin d'apporter du soulagement à ses maux et à ses ennuis, ne firent que les aggraver.

Partout elle semblait chercher son mari et partout elle ne rencontrait qu'un horrible vide, que rien pour elle ne pouvait combler. Souvent encore, elle allait jusqu'à douter de la réalité, et elle ne pouvait croire à sa mort. Et puis, il lui prenait d'étranges terreurs; elle sentait au fond de son âme blessée, qu'elle n'aurait pas la force de résister bien longtemps à la vie triste et isolée qu'elle menait à Coadélan. Chaque jour elle priait Dieu pour qu'il la rappelât à lui; car elle avait hâte d'aller rejoindre celui qu'elle avait adoré sur la terre.

Son père et sa mère, qui n'avaient pas voulu la quitter au milieu de ses chagrins, voyant l'accroissement de son mal et le dépérissement de sa santé, lui proposèrent de venir avec eux passer quelque temps à Mézarnou.

Marie sembla accueillir cette proposition avec beaucoup de plaisir, et quelques jours après, elle habitait la charmante gentilhommière où s'était écoulée son enfance. Là, elle parut un moment recouvrer, dans les bras de sa bonne Marguerite, qu'elle retrouva jouissant d'une parfaite santé, un peu de calme et une partie de sa sérénité d'autrefois. Mais fatiguée du séjour de Mézarnou qui lui rappelait encore de tristes souvenirs, elle supplia sa mère de lui permettre de se retirer avec Marguerite chez une de ses parentes, au manoir de Quénicunan, dans la paroisse de Merléac (1). De cette résidence, elle adressa une procuration générale à De Romar, et le chargea de continuer à administrer tous ses biens.

Marie ne survécut pas longtemps à La Fontenelle. Deux ans après l'exécution de celui-ci, elle mourut sans enfants, et s'éteignit dans les bras de sa mère, qui recueillit son dernier soupir.

Toute sa grande fortune repassa à la famille Le Chevoir.

Du Granec et Clara vécurent de longues années, chéris et honorés de leurs amis et de leurs voisins; ils laissèrent après eux un fils et une fille héritiers de leurs vertus et de leur grande fortune.

La vieille Ursule ne les abandonna pas; elle finit ses jours à leur service.

(1) Historique.

Cinq ans après la mort de Guy-Eder, le temps ayant un peu apaisé les douleurs du baron de Beaumanoir, il épousa une demoiselle d'une famille illustre, nommée Marie du Poyrier (1). Il fut aussi heureux qu'il pouvait l'être après les affreux malheurs qu'il avait éprouvés.

Quant à De Romar, il s'amenda dans ses vieux jours et continua à gérer avec la plus grande intégrité la fortune de la famille Le Chevoir. Tous ceux qui le connurent autrefois, s'étonnent du merveilleux changement qui s'est opéré chez cet homme de guerre.

Pendant plusieurs années, Quilliec fut inconsolable de la mort de son jeune maître. Toujours aussi intéressé que par le passé et entraîné par son goût pour le lucre, il alla établir une taverne à Quimper, n'osant retourner à Brest, de crainte d'avoir de vieux comptes à régler avec monsieur de Sourdéac. Là, souvent le verre en main, il se plaisait à raconter aux buveurs qui fréquentaient son cabaret, les terribles aventures de sa vie de soudard ; mais, avec le

(1) Historique.

temps, sa passion pour les liqueurs spiritueuses n'ayant fait que s'accroître, il ne tarda pas à succomber aux suites d'une congestion cérébrale.

Pour La Boulle, l'autre lieutenant de La Fontenelle, il fut tué en duel au Pré-aux-Clercs, par un chevau-léger avec lequel il avait eu querelle. Depuis peu, il était parvenu à entrer dans ce corps en qualité d'officier.

Le vieil Hervéik, l'aveugle, a vécu encore plusieurs années; mais les forces lui ayant manqué, il a été forcé de renoncer à se rendre aux foires des environs. Quelquefois, cependant, les jours de fête, assis sur les marches de sa chaumière, il aime à chanter des guerz et des complaintes aux nombreux auditeurs qui se pressent autour de lui.

Quant aux autres personnages que nous avons mis en scène, et dont les noms appartiennent à l'Histoire, nous dirons que Mercœur, après avoir servi quelque temps en qualité de volontaire, fut nommé généralissime des armées de l'empereur Rodolphe. Dans la guerre qu'il eut à soutenir contre les Turcs, il se couvrit de gloire et se montra aussi vaillant qu'il l'avait été en

Bretagne. Appelé en France par des affaires domestiques, il tomba malade à Nuremberg, où il mourut en 1602, à l'âge de quarante-quatre ans.

Quant à monsieur de Sourdéac, il demeura longtemps gouverneur du beau château de Brest, où son souvenir n'est pas perdu, puisque de nos jours, en face de la mâture, on montre encore le superbe bastion qui a conservé son nom.

FIN.

TABLE.

SECONDE PARTIE.

		Pages.
CHAPITRE	1. Le manoir de Mézarnou. . . .	5
—	II. Le manoir de Mézarnou (suite).	13
—	III. Le départ simulé.	22
—	IV. L'Enlèvement.	33
—	V. La Lettre.	45
—	VI. Monsieur de Saint-Luc. . . .	51
—	VII. Quimper en 1597.	62
—	VIII. Quimper en 1597 (suite). . .	69
—	IX. La cathédrale de Saint-Corentin.	77
—	X. Attaques de Quimper par La Fontenelle.	86
—	XI. L'auberge du Lion-d'Or. . . .	95
—	XII. La Déroute.	102
—	XIII. Pont-Croix.	110
—	XIV. Notre-Dame de Roscudon. . .	118
—	XV. Le Parjure.	124
—	XVI. Quilliec à Douarnenez. . . .	135
—	XVII. Mercœur et La Fontenelle. .	146
—	XVIII. Le dernier Ligueur.	156
—	XIX. Le dernier Ligueur (suite). .	164
—	XX. Le château du Laz.	172
—	XXI. L'Aveu.	178

			Pages.
CHAPITRE	XXII.	La Fontenelle et Quilliec...	184
—	XXIII.	La Rencontre........	193
—	XXIV.	La Rencontre (suite).....	201
—	XXV.	Hervéik l'aveugle.......	208
—	XXVI.	La Révélation........	216
—	XXVII.	Pauvre mère........	224
—	XXVIII.	Retour à Mézarnou.....	234
—	XXIX.	La Justification........	243
—	XXX.	Le château de Coadélan....	254
—	XXXI.	Le château de Coadélan (suite).	262
—	XXXII.	Marie............	268
—	XXXIII.	Marie (suite)........	275
—	XXXIV.	Démolition du fort de La Fontenelle........	282
—	XXXV.	Pressentiments.......	288
—	XXXVI.	La Fontenelle prisonnier à Paris...........	294
—	XXXVII.	Retour en Bretagne.....	302
—	XXXVIII.	La dernière arrestation...	308
—	XXXIX.	A la Bastille........	319
—	XL.	La Condamnation......	325
—	XLI.	Résignation.........	332
—	XLII.	Encore Du Granec......	338
—	XLIII.	La Roue..........	345
		Epilogue..........	353

FIN DE LA TABLE.

www.ingramcontent.com/pod-product-compliance
Lightning Source LLC
Chambersburg PA
CBHW050251170426
43202CB00011B/1639